Irene Hanappi

Bratislava

Gehen, Sehen & Genießen

5 Routen durch die Hauptstadt der Slowakei
Geschichte, Kultur, Sightseeing,
Essen und Trinken

Fotos: Katharina Gossow

Falter Verlag

Inhalt

Die Autorin:

Irene Hanappi studierte Slawistik und arbeitet seit 1987 als freiberufliche Journalistin in Wien. Sie bereiste die ehemalige Sowjetunion von St. Petersburg bis Kamtschatka und veröffentlichte Reportagen in der *Weltwoche*, dem Magazin der *Süddeutschen Zeitung*, dem *Tages-Anzeiger-Magazin*, dem *Standard*, *profil* u.a.

Einer ihrer Texte fand Aufnahme in dem Band „Lassen Sie uns über Geld reden. Die schönsten Interviews mit Schwerreichen, Prominenten und schuldlos Verarmten" (1995, Luchterhand, München).

In den letzten Jahren verlagerte sich der Schwerpunkt ihrer Arbeit vom Reisebericht zum Reisebuch. Enge Zusammenarbeit besteht mit *Der Feinschmecker*, *Sky Lines*, *Visa Magazin*, *Die Presse* und dem Falter Verlag.

Nach dem Reiseführer „Bratislava", der nun in zweiter Auflage und auch in englischer Übersetzung vorliegt, erschien im Herbst 2007 ebenfalls in der CITY*walks*-Reihe des Falter Verlags der Band „Brünn".

Fotos: Katharina Gossow; außer S. 51 oben: © Hotel Arcadia
Karten: SHOCart, s.r.o.
Lektorat: Rainer Sigl
Grafik und Layout: Marion Großschädl
Satz: Reinhard Hackl, Barbara Blaha
Produktion: Susanne Schwameis
Printed in EU

ISBN 978-3-85439-402-0

1011 Wien, Marc-Aurel-Straße 9
Telefon +43/1/536 60-0, Fax +43/1/536 60-935
E-Mail/Verlag: bv@falter.at
E-Mail/Bestellungen: service@falter.at
Homepage/Bookshop: www.falter.at

LEGENDE

- = Kaffeehäuser
- = Restaurants, Gasthäuser
- = Kultur
- = Literatur
- = Hotel
- = Shopping

Pressburg, Prešporok, Pozsony – Bratislava einst und jetzt

Was die Slowakei erlebt – erlebt hat –, ist einzigartig: Mitten in Europa gelegen, lang vor der Römerzeit besiedelt, erschafft sich das Land neu, tritt aus der Anonymität heraus, schlüpft in eine neue Rolle.

In der Vergangenheit gab es zwar die Slowaken, nicht aber die Slowakei. Das Gebiet zwischen Donau und Karpaten war immer nur Teil eines mehr oder weniger künstlichen politischen Gefüges – zuerst der k. u. k. Monarchie, dann der ČSR. Seit 1993 bildet es einen eigenen Staat mit Verfassung, Parlament, Staatsoberhaupt, Sprache und politischen Symbolen, die allerdings das gemeinsame Gestern nicht ganz ausblenden können oder wollen: Die Hymne geht auf ein altes Volkslied aus dem Revolutionsjahr 1848 zurück, die Flagge wandelt Elemente der ungarischen Trikolore ab, die Banknoten zieren Helden der – slawischen – Geschichte sowie prominente Figuren, die den Prozess der Staatswerdung unterstützten.

Anton Bernolák, L'udovit Štúr, Milan Rastislav Štefánik ... Wer durch Bratislava schlendert, begegnet ihnen immer wieder, kommt an ihnen kaum vorbei. Sie sind in Stein gemeißelt oder geben Plätzen und Straßen ihren Namen.

Bratislava, Pozsony, Prešporok – diese Stadt braucht sich vor anderen EU-Metropolen nicht zu verstecken. Einen Probelauf als Hauptstadt hat sie von 1526 bis 1830 ja bereits absolviert. Diese ihre glanzvollste Zeit verdankt sie eigentlich einem Debakel: der Niederlage gegen die Türken in der Schlacht bei Mohács im Jahr 1526. Danach geriet Südungarn in den Schatten des Halbmonds, und weil Buda wegen der türkischen Besetzung als Hauptstadt nicht mehr infrage kam, übersiedelten alle Amtsgeschäfte donauaufwärts, nach Pozsony, wie Pressburg damals hieß.

Alle großen Adelsfamilien – die Pálffys, die Esterházys, die Batthyánys – ließen sich zwischen Burgberg und Donauufer nieder, errichteten elegante Paläste und prägten durch ihre Anwesenheit die Atmosphäre der Stadt.

Im Martinsdom fanden die Krönungen von elf ungarischen Königen und acht ihrer Gemahlinnen statt.

Mozart gab ein Gastspiel, Liszt wurde hier als Wunderkind entdeckt, Beethoven erteilte jungen Damen Klavierunterricht, und Béla Bartók ging in der Klariská ulica aufs Gymnasium.

Maria Theresia ließ die Stadtmauern schleifen, die Tore niederreißen, die Burg ausbauen – und setzte ihren Schwiegersohn, Albert von Sachsen-Teschen, als Statthalter ein. Aus Wien siedelten sich die Barockbildhauer R. Donner und F. X. Messerschmidt hier an. Hinter den mit Schnörkeln verzierten Fassaden tüftelten Gelehrte an erstaunlichen Erfindungen: Ján Andrej Segner entwickelte 1750 das sogenannte Segner'sche Rad, die Grundlage der Turbine. Wolfgang Kempelen dachte sich einen Schachspielautomaten aus.

Doch bis weit ins 19. Jahrhundert fällt alles, was sich in Bratislava ereignete, unter das Kapitel „Geschichte Ungarns". Niemand brachte Künstler, Denker und Wissenschaftler mit der Stadt, in der sie wirkten, bzw. der Nationalität, der sie angehörten, in Verbindung. Den Begriff Staatsbürgerschaft gab es eben noch nicht. Menschen, die damals im ungarischen Teil der Monarchie lebten, entstammten mitunter verschiedenen Volksgruppen, konnten sich aber verständigen, weil sie mehrere Sprachen beherrschten. Dieses „Modell" war seiner Zeit voraus, greift dem vor, was heute im Rahmen der EU verwirklicht werden soll.

Die Größe im Kleinen, im Unscheinbaren – das könnte ein Leitmotiv Bratislavas sein; nicht von ungefähr wirbt die Stadtverwaltung mit dem Slogan „Little big City".

Von den rund 450.000 Menschen, die heute hier leben, sind viele erst nach 1948 in die Stadt gezogen. Nur mehr wenige verbindet ihre Familiengeschichte mit dem vielsprachigen Pressburg von damals. Es taucht höchstens in Erzählungen und Anekdoten noch auf – wenn von der Tante Fritzi und dem Ossi Bácsi (ung. für Onkel Ossi) die Rede ist, die miteinander verheiratet waren und sonntags zum Kaffee kamen. Oder wenn erzählt wird, dass die Pressburger nach Wien in die Oper fuhren und die Wiener zum Heurigen in die Engerau (heute Petržalka). Das Szenario war übrigens austauschbar: Dank der direkten Straßenbahnverbindung pendelten auch die Wiener donauabwärts in die Oper und die Pressburger nach Wien zum Heurigen.

Der Bruch kam nach dem Zweiten Weltkrieg mit der Machtübernahme durch die Kommunisten: Was auf der einen Seite der Grenze stattfand, war auf der anderen verboten. Das betraf nicht nur den Konsum von Coca-Cola und Elvis-Presley-Platten, sondern auch die Lektüre der Werke Franz Kafkas.

Für Bratislava blieb Wien weiterhin das Tor zum Westen. Die Isolation durchbrach man, indem man die Nachrichten im öster-

reichischen Rundfunk verfolgte. Jeden Donnerstag standen die Pressburger Schlange, um die *Volksstimme* zu kaufen, weil darin das TV- und Radioprogramm abgedruckt war.

Der Prager Frühling fand – und das ist kaum jemandem bewusst – zeitgleich auch in Bratislava statt. Ein Foto ging damals um die Welt: Es zeigt einen Mann, der sich mit entblößter Brust den sowjetischen Panzern entgegenstellt, sich stumm als Opfer anbietet. Dass es in Bratislava, nämlich auf dem Šafárik-Platz, aufgenommen ist, daran denkt heute kaum noch jemand.

Auch Alexander Dubček, die Symbolfigur der Reformbewegung, halten viele für einen Tschechen. Er kam im slowakischen Uhrovec zur Welt, verbrachte den Großteil seines Lebens in Bratislava und liegt heute hier begraben.

Heinrich Heine, Jules Verne, Albert Einstein, Alfred Nobel, Andy Warhol, Anton Lehmden, Hugo Portisch, Christian Ludwig Attersee – sie alle stehen mit Pressburg auf irgendeine Weise in Verbindung.

Große Persönlichkeiten und Ereignisse warfen ihr Licht auf die Stadt, aber nie lange genug, um für immer und ewig mit ihr in einem Atemzug genannt zu werden. Darin äußert sich, scheint es, Bratislavas Schicksal als „ewig Zweite" – zuerst im Schatten Wiens und Budapests, dann als Juniorpartner Prags.

Da wie dort – an der Moldau wie an der Donau – läuteten Studenten schließlich das Ende des totalitären Regimes ein. Die Samtene Revolution brachte 1989 die Wende. 1993 folgte die gewaltfreie Loslösung aus dem Staatenverbund mit Tschechien. Zum ersten Mal in ihrer Geschichte konnten die Slowaken beginnen, eine unabhängige Metropole ihrer eigenen Kultur aufzubauen – Bratislava.

Und wieder einmal trägt diese Stadt mehrere unterschiedliche „Namen" – Fressburg, Partyslava, Gratislava ... Jeder entspricht auf seine Weise der Wirklichkeit, passt zu ihr. Was sie zum Ausdruck bringen, ist die rasante Entwicklung der letzten Dekade. Mitte der 1990er-Jahre noch als schwarzes Schaf unter den Transformationsländern gehandelt, wird die Slowakei heute von Ökonomen immer wieder als Beispiel geglückter Reformpolitik zitiert.

Ein rasantes Wirtschaftswachstum und unzählige ausländische Firmenniederlassungen – vor allem aus der Automobilbranche und dem Bankensektor – machen Bratislava zum Zentrum einer regelrechten Boomregion. Mit der radikalsten Steuerreform auf dem europäischen Kontinent gelang es der Regierung unter Premier-

ÖBB

Personenverkehr

Abfahrten der Züge ab Wien jede Stunde
Train departures from Vienna every hour

Wien Südbahnhof	05.28 bis | *till* 22.28	min. 28
Wien Simmering (U3)		min. 34
Wien Erzherzog Karl Straße		min. 43

via Marchegg – Devínska Nová Ves bis | *to*
Bratislava hlavná stanica (Hauptbahnhof | *Main Station).*
Ins Zentrum: Tramway Nr. 13 (8 Min) oder Fußweg (20 Min)
To city center: tram 13 (8 min) or walk (20 min)

Rückfahrten ab Bratislava jede Stunde
Return journeys from Bratislava every hour

Bratislava hl.st.	05.50 bis | *till* 00.50	min. 50
	Mo–Fr 04.45	

Weitere Bahnverbindungen ohne Umsteigen:

Ab Wien Südbahnhof jede Stunde via Bruck/Leitha, Kittsee bis **Bratislava Petržalka** (Stadtteil südlich der Donau).

More direct railway connections:

From Wien Südbahnhof every hour via Bruck/Leitha, Kittsee to ***Bratislava Petržalka*** *(District south of the Danube).*

BRATISLAVA TICKET € 14,–

- **Bahnfahrt hin und retour | *round trip train ticket***
- **Inklusive Stadtverkehr Bratislava | *including public transport in Bratislava***

Gilt am aufgedruckten Geltungstag als Tageskarte in den öffentlichen Bus- und Tramwaylinien in Bratislava und für den Nachtzug nach Wien um 00.50 Uhr des Folgetages.
Fahrradmitnahme im Zug gratis (außer InterCity-Züge)!
Halbpreis für Kinder unter 15!

Valid on printed validation date as day ticket on bus and tramway lines in Bratislava and for the night train to Vienna at 00.50 the following day.
Bicycles are carried free of charge (except in IC-trains).
Half price for children under 15.

INFO: CallCenter 05-1717

www.oebb.at

minister Mikulaš Dzurinda zwischen 1998 und 2006, ausländische Investoren anzulocken. Die sogenannte Flattax – ein einheitlicher Steuersatz von 19 Prozent für alle Einkommensschichten und Betriebe – setzt Ostösterreich spürbar unter Druck, trotzdem soll die Region in den nächsten Jahren zusammenwachsen. Von den nur sechzig Kilometer voneinander entfernten Städten spricht man jetzt schon als von den Twin-Cities. Bus- und Bahnverbindungen wurden verbessert, neue Straßen gebaut. Seit November 2007 besteht eine direkte Autobahnverbindung zwischen den beiden Donaumetropolen. Und auf dem Wasserweg legt der Twin City Liner in nur 75 Minuten eine imaginäre Brücke von einem Stadtzentrum zum anderen. Dass den Infrastrukturprojekten Vorrang gegeben wird, erscheint logisch: Erst müssen die Menschen einander kennen lernen, dann können auch die Wirtschaftsprojekte greifen.
Die folgenden fünf Spaziergänge sollen den Blick für das Vertraute im Fremden schärfen und dabei helfen, das Bratislava der Gegenwart zu sehen, jenseits von Kitsch und Ostblocknostalgie.

Zeittafel

5.–6. Jh. nach Chr.	Anfang des 6. Jh.s ziehen slawische Stämme ins Karpatenbecken ein.
Um 870	entsteht auf einem Gebiet, das heute die Slowakei, Böhmen, Teile Ungarns und Polens umfasst, das Großmährische Reich, eine Art früher Vorläuferstaat Tschechiens und der heutigen Slowakei.
907	Die Schlacht bei Brezalauspurc gegen die Magyaren besiegelt den Untergang des Großmährischen Reiches. Für die Slawen östlich der Donau (Slowaken) beginnen fast tausend Jahre ungarischer Herrschaft.
1001	Stefan I. (997–1038) wird König von Ungarn. Die heutige Slowakei, damals Oberungarn genannt, bildet den nördlichen Teil seines Reiches.
13. Jh.	Nach einem Mongolen- bzw. Tatarenvorstoß werden deutsche Siedler angeworben, die sich in den slawischen Gebieten niederlassen und Bergbaustädte gründen.
1465	begründet König Matthias Corvinus unter dem Eindruck der italienischen Renaissance in Pressburg die Academia Istropolitana, die erste Universität Ungarns.
1526	Nach der Schlacht bei Mohács fällt der südliche Teil Ungarns an die Türken. Pressburg (Pozsony) wird neue Hauptstadt des Landes, viele ungarische Adelige verlegen ihre Wohnsitze in die Stadt.
Mitte des 16. Jh.s	Jener Teil Ungarns, der die heutige Slowakei umfasst, gerät unter die Herrschaft der Habsburger.
17./18. Jh.	Die von den Habsburgern forcierte Politik der Gegenreformation führt zu Aufständen ungarischer Adeliger.
1781	Kaiser Joseph II. erlässt ein Toleranzpatent, das den habsburgischen Ländern Religionsfreiheit garantiert.
1783	Joseph II. verlegt alle Amtsgeschäfte zurück nach Budapest. Pressburgs Hochblüte geht zu Ende.
1848	Revolutionsjahr in ganz Europa. Auch die slowakischen Eliten streben nach Autonomie.

15. März 1867	Nach dem sogenannten Ausgleich mit Ungarn entsteht die k.u.k. Monarchie. Die slowakische Bevölkerung gerät unter den Druck der Magyarisierung.
1918	Gründung der ersten Tschechoslowakischen Republik (ČSR).
1939–45	Zum ersten Mal erlangt die Slowakei Eigenstaatlichkeit, allerdings als Satellitenstaat Deutschlands. Der Priester Jozef Tiso regiert mit Hilfe Hitlers und ist an Weisungen aus Berlin gebunden.
1944	Slowakischer Nationalaufstand gegen die Besetzung der Slowakei durch deutsche Truppen.
1945	Wiederherstellung der Tschechoslowakischen Republik.
1948	Die Kommunistische Partei übernimmt die Führung im Land.
1968	Der Einmarsch sowjetischer Truppen beendet die Reformperiode des „Prager Frühlings". Alexander Dubček muss sich in Moskau verantworten und verliert sein Amt als Vorsitzender des Zentralkomitees der KSČ. Es folgen zwanzig Jahre gesellschaftspolitischer Eiszeit.
1989	Am 17. November 1989 beginnt die Samtene Revolution, die schließlich zum Zusammenbruch des totalitären Regimes führt (dieser Tag ist heute Nationalfeiertag). Die politische Wende setzt ein.
1993	1. Jänner: Die Slowakei wird unabhängig und Bratislava Hauptstadt. Der autoritäre Führungsstil von Ministerpräsident Vladimír Mečiar bringt das Land bald ins internationale Abseits.
1998	Das Bündnis der Oppositionsparteien unter Mikulaš Dzurinda löst Mečiars Kabinett ab.
2004	Die Slowakische Republik tritt der Nato und der EU bei.
2006	Robert Fico übernimmt die Regierungsgeschäfte an der Spitze einer Koalition aus Sozialdemokraten (SMER), Anhängern der Mečiar-Partei (HZDS) und Vertretern der SNS, einer Gruppierung am rechten Rand des politischen Spektrums.

ROUTE 1

Unter der Burg

Ausgangspunkt: Hodžovo námestie
Endpunkt: Mikulášska
Dauer: je nach Tempo und Aufenthaltsdauer: 3 Stunden
Die Route: Hodžovo námestie (Grassalkovich-Palais mit Garten ❶) – Štefánikova – Tolstého – Moyzesova – Abstecher Podtatranského (Villa L ❷) – Moyzesova – Kuzmányho – Steintreppe in die Donovalova – Mišíkova (ehem. Wohnhaus Alexander Dubčeks ❸) – Na Slavíne – über die Stiegen zum Slavín (Heldendenkmal❹) – Pažického – Francúzskych partizánov (Horský-Park ❺) – Pažického – Stará vinárska („Kleines Weißes Haus" ❻) – (Abstecher: Stará vinárska – Mudroňova – Jančova – Hotel Bôrik ❼ – Jan Šova –

Unbedingt sehen:

1 Garten des Palais Grassalkovich **2** Villa L **3** Stadtpanorama vom Slavín-Denkmal aus **4** Altes Forsthaus im Horský-Park **5** Venus von Moravany

Radvanská – Fialkové údolie – Mudroňova – Námestie A. Dubčeka) – Novosvetská (Villa Pfeffer ❽) – Šulekova (evangelischer Friedhof ❾) – Palisády – Nám. A. Dubčeka (Nationalrat ❿, Burg mit „Kleinem Theresianum" ⓫, historischer Sammlung des Slowakischen Nationalmuseums, Museum für Musikinstrumente) – Nikolaustor – Kirche des heiligen Nikolaus ⓬ – Mikulášska

Dieser Spaziergang zeigt, wie die Stadt organisch gewachsen ist, legt die Schichten, das heißt Bebauungsphasen frei: Ganz unten sind 19. Jahrhundert und Gründerzeit vertreten, je höher man den Burgberg hinaufkommt, desto mehr nehmen kubistische Formen überhand, dazwischen sind immer auch Schrägdächer und Giebel zu sehen, ganz oben schließlich macht sich die eher protzige Formensprache des 21. Jahrhunderts breit. Vom höchsten Punkt aus lässt sich die ganze Stadt überblicken. Allein, Hand in Hand, mit dem Nachwuchs, im Jogginganzug, auf dem Rad oder mit dem Dackel – man geht immer gern hier herauf, weil es gut tut, Luft zu schnappen und über den Dingen zu stehen. Durch die Biegungen der Straßen ändert sich laufend der Blickwinkel, das bringt Abwechslung.

Da die Tour durch ein Wohnviertel führt, raten wir dazu, Wegzehrung einzupacken. Als Einstieg bietet sich auch das ▶ Jugendstilcafé Štefánka an (Palisády 59, Tel. 02/5262 0847, www.stefanka.sk, Mo–Fr 9–22, Sa, So 10–22 Uhr). Hier kann

Das Grassalkovich-Palais, Amtssitz des Präsidenten

man sich mit Kirschenstrudel, Somloer Nockerln und frisch belegten Brötchen stärken.

Das Grassalkovich-Palais beherrscht den Platz (Hodžovo námestie 1); mit dem Grafen, der es erbauen ließ, kann man bereits in Wien Bekanntschaft schließen: Er steht am Maria-Theresien-Denkmal hinter der Figur von Innenminister Graf Haugwitz und war im 18. Jahrhundert einer der mächtigsten Magnaten Ungarns. Auch der Zug, der täglich um 11.28 Uhr den Südbahnhof verlässt, ist nach ihm benannt.

Weht die Fahne vom Dach, weilt das Staatsoberhaupt im Land

Anton Grassalkovich kam bettelarm zur Welt und brachte es bis zum kaiserlichen Finanzverwalter. Mit Geld wusste er offenbar gut umzugehen: In Gödöllö errichtete er ein prunkvolles Barockschloss – das größte Ungarns – und in Pressburg eine schmukke Sommerresidenz, das Grassalkovich-Palais, wo Joseph Haydn für ihn des Öfteren musizierte. Der damals außerhalb der Stadtmauern gelegene Wohnsitz, der ein wenig an das Wiener Belvedere erinnert, eignet sich aus mehreren Gründen gut als Ausgangspunkt für eine erste Begegnung mit der Stadt: zum einen, weil es eines der markantesten Gebäude im Zentrum ist, zum anderen, weil es die Geschichte des Landes, der es oft auch als Schauplatz diente, dokumentiert: Nach der Gründung der Tschechoslowakischen Republik 1918 wurde auch das Palais des Grafen Grassalkovich verstaatlicht. Ab 1939 erlangte es als Stützpunkt des klerikalfaschistoiden Tiso-Regimes noch einmal traurige Berühmtheit. In der kommunistischen Ära war das Zentralhaus der Jugend und der Pioniere darin untergebracht, und nach der Wende zog 1993 Michal Kováč, das erste demokratisch gewählte Staatsoberhaupt der Slowakei, hier ein. Seit April 2004 führt Ivan Gašparovič von hier aus seine

Im Park des Präsidentenpalais: sozialistischer Realismus ...

Amtsgeschäfte. Weht vom Dach die rote Fahne mit dem weißen Doppelkreuz, weiß man in Bratislava, dass der Staatspräsident „zu Hause" ist.

Hinter dem Palais erstreckt sich ein öffentlich zugänglicher Park (Juni–September 8–22, März, April 10–18, Oktober, November 10–19, Dezember–Februar 11–18 Uhr), durch dicke Mauern vor dem Lärm der Straße geschützt. Hier beginnt unser Rundgang.

So wie manche Leute in Bratislava auf mehrere Staatsbürgerschaften und erfolgreich „überstandene" politische Regime zurückblicken können, so haben auch Plätze und öffentliche Räume mehrere Identitäten angenommen, was mitunter zu einem haarsträubenden Stilmix führt. Das Wasserbecken im Park zieren drei Frauenfiguren, die eindeutig dem sozialistischen Realismus zuzuordnen sind, gleich neben dem Eingang steht als Tribut an die poppigen Sixties eine gelbe Kunststoffskulptur, und in der Blickachse vom Palais zum Brunnen eine Maria-Theresien-Statue aus der zweiten Hälfte des 18. Jahrhunderts. Das Denkmal wurde erst vor ein paar Jahren

... neben Pop-Art

hier aufgestellt. Es zeigt die Monarchin hoch zu Ross und wirkt zierlich, fast etwas verloren. An welcher Stelle, in welchem Depot es all die Jahre überdauert hat, weiß niemand mehr. Nach der kommunistischen Machtübernahme legte man jedenfalls wenig Wert darauf, feudalistische Herrscher aufs Podest zu heben. Eher war man bestrebt, die Spuren der Vergangenheit zu verwischen. Heute steht alles Imperiale wieder hoch im Kurs. Touristen aus Übersee, die von Wien nach Budapest reisen, sollen unbedingt auch hier, in der kleinsten der Donaumetropolen, Halt machen und nach Sisi und Franz Joseph, Mozart und Maria Theresia, Haydn und Liszt Ausschau halten.

Man betritt das Areal durch einen Seiteneingang von der Štefánikova aus, der Hauptachse zwischen Bahnhof und Innenstadt. Rechts kann man einen Blick auf die Rückseite des Palais werfen, wo – sehr volksnah, nur durch eine Glaswand vom Publikumsteil getrennt – die Dienstlimousine des Präsidenten parkt. Dem Eingang gegenüber befindet sich entlang der Mauer die „Allee der Präsidenten" – hier haben sich hohe Staatsgäste durch das Pflanzen eines Bäumchens verewigt. Die Idee stammte von Rudolf Schuster, der von 1999 bis 2004 die Staatsgeschäfte der jungen Slowakischen Republik lenkte. Kleine Messingschilder dokumentieren die Namen der einzelnen Politiker. Irgendwann wurden es dann zu viele, und im Dezember 2002 reißt die Serie ab.

Die Štefánikova: verbindet Hauptbahnhof und Innenstadt

Nach Verlassen des Parks steht man wieder auf der Štefánikova. Die ehemalige Prachtstraße trägt den Namen von Milan Rastislav Štefánik, einem Tausendsassa: Astronom, General, Flugzeugpilot, Abenteurer, Diplomat und Politiker in einer Person. Zwischen 1912 und 1918 nahm er die französische Staatsbürgerschaft an und kämpfte im Ersten Weltkrieg gegen Habsburg. Er war aktiv an der Gründung der Tschechoslowakei beteiligt und wurde ihr erster Verteidigungsminister. Er starb 38-jährig bei einem Flugzeugunglück, dessen Ursachen nie vollständig geklärt wurden. Der Bratislavaer Flughafen heißt nach ihm MR Štefánik International Airport, und sein Abbild ziert noch bis zur Euroeinführung die wertvollste Banknote des Landes, den 5000-Kronen-Schein.

Die nach ihm benannte Štefánikova stellt eine Art Transitraum dar – zwischen der Welt des Adels und der des Bürgertums. Gleich nach dem Palais Grassalkovich folgen noch einige andere Adelspalais, die heute meist Firmen oder Zahnarztpraxen beherbergen, mit weitläufigen Gärten. Die Wohngegend auf der anderen Straßenseite „gehörte" Fabriksbesitzern, Bankiers und Industriellen. Sie legt Zeugnis ab von dem städtebaulichen Aufschwung, der nach der Gründung der Tschechoslowakischen Republik 1918 begann. Das fällt schon beim Lesen des Stadtplans auf: Viele Straßen in diesem Villenviertel tragen die Namen berühmter Schriftsteller oder Komponisten: Bartókova, Haydnova, Mozartova, Rubinsteinova; Majakovského, Tolstého, Puškinova, Lermontovova ... was diesen Adressen ein zusätzliches elitäres Etikett verleiht.

Die Route folgt der nach Leo Tolstoi benannten Tolstého. Gleich auf der linken Straßenseite – Ecke Sládkovičova – führen ein paar Stufen hinunter in ein sympathisches Kellerlokal, das seit Jahren schon zu den guten Adressen, den Musts in Bratislava, zählt. Die ▶ Traja Mušketieri/Drei Musketiere, nach dem Roman von Alexandre Dumas benannt, knüpfen an die literarische Tradition an (Sládkovičova 7, Tel. 02/5443 0019, www.trajamusketieri.sk, täglich 11–23.30 Uhr). Jedes Gericht auf der Karte hat einen klingenden Namen, der durch ein paar Textzeilen ausgeschmückt und erklärt wird. Beim „Schweigen der Lämmer" wirkt das zwar eher grotesk, aber das rustikale Ambiente, die hübschen Kostüme der Kellner und Kellnerinnen, der Wein aus irdenen Krügen, die schummrige Beleuchtung und die großen Portionen ergeben dann doch ein erfreuliches Gesamterlebnis. Spezialitäten des Hauses sind Hühnercremesuppe im Brotlaib, knusprige Schweinsstelze oder Wachteln mit Kastanienfülle. Am Ende des Mahles ist man durchaus geneigt, dem Verfasser der Speisekarte zuzustimmen, der verspricht: „Reisender, sei willkommen und wisse, dass du deinen Schritt über unseres

Hauses Schwelle nicht bereuen wirst." Zu den Gästen zählen Angestellte aus den nahegelegenen Botschaften.

Viele EU-Ausländer und Amerikaner leben in den Vierteln nahe der Burg: Palisády, Slavín, Horský-Park ... Hier beträgt die monatliche Miete für ein Einfamilienhaus 2500 bis 4500 Euro, was sich die Mehrheit der Einheimischen natürlich nicht leisten kann.

Ein Stückchen weiter oben in der Tolstého befindet sich etwa das Gebäude der Schweizer Botschaft. Die wehenden Fahnen an den Fassaden der Häuser gehören übrigens auch zum besonderen Flair des Villenviertels. Sie signalisieren die Präsenz der „ganzen Welt" auf dem Territorium einer Stadt, die bisher wenig Weltstädtisches an sich hatte. Bratislava erlebt heute eine Situation ähnlich wie Berlin: Neue Botschaftsgebäude werden gebaut, prächtige Residenzen entstehen, und der englisch-französisch-italienisch-deutsche Singsang der vielen ausländischen Stimmen lässt auch den letzten Rest von Ostblockimage verblassen.

Die Drei Musketiere: schummrige Beleuchtung, deftige Genüsse

An manchen Tagen der Woche kann man am Ende dieser Gasse Klaviermusik hören, und manchmal dringt sogar aus jedem Stockwerk eine andere Melodie nach draußen. Hier, auf Tolstého 11, befindet sich das ► Konservatorium der Stadt Bratislava (www.konzervatorium.sk). Edita Gruberova, gefeierte Primadonna assoluta der Koloraturen und Königin des Belcanto, absolvierte an dieser Hochschule von 1961 bis 1968 ihr Klavier- und Gesangsstudium.

Gelernt wird auch in dem Gebäude vis-à-vis – und zwar die Sprache Schillers und Goethes. Der stattliche Bau inmitten eines Gartens beherbergt die neu gegründete ► „deutsch-slo-

Villa L: Das prunkvolle Interieur stammte von Josef Hoffmann

wakische Begegnungsschule" (der Eingang befindet sich auf Palisády 51, www.deutscheschule.sk). Angesichts der vielen deutschen Firmenniederlassungen ins Leben gerufen, soll sie weiteren Investoren die Entscheidung für den Standort Bratislava erleichtern und nicht zuletzt auch an die Tradition der Mehrsprachigkeit anknüpfen.

In Verlängerung der Moyzesova folgt die Fraňa Král'a, die schließlich in die Podtatranského mündet. Dort liegt auf Nr. 7 die **„Villa L"** aus dem Jahre 1929. Der Entwurf stammt von Bedřich Weinwurm und Ignác Vécsei – zwei Pionieren des modernen Bauens, deren Werke sich an Adolf Loos' „Neuer Sachlichkeit" orientierten (mehr dazu ▶ Seite 29f., 72f.). An der Einfachheit der Gesamtansicht, dem auf Pfeilern ruhenden Balkon der Villa und dem robusten Eingang lässt sich der Anspruch erkennen, dem äußerem Glanz abzuschwören, um sich ganz auf die realen Bedürfnisse der Bewohner zu

Der Neuen Sachlichkeit verpflichtet: die Villa L aus den 1920er-Jahren

Ecke Ulica Kuzmányho/Donovalova: Garagen, in den Hang hineingebaut

konzentrieren. Dem Bauherrn missfiel dieser extreme Purismus. Er entließ Weinwurm und beauftragte den Wiener Architekten Josef Hoffmann mit der Inneneinrichtung, die schließlich seinen Wünschen nach Prunk und Repräsentation entsprach. Schwarzweißfotos aus der damaligen Zeit zeigen einen bis auf die Fensterfront vollständig holzgetäfelten Speiseraum und ein mit handgemalten Tapeten geschmücktes Schlafzimmer. Von all dieser Pracht ist natürlich nichts mehr zu sehen: Das Haus wird heute von mehreren Parteien bewohnt, lediglich eine messingeingefasste Kugellampe über der Tür verrät den gestalterischen Anspruch.

Ulica Kuzmányho: steiler Anstieg

Zur Fortsetzung der Route empfiehlt es sich, den Weg wieder ein Stück zurückzugehen, bis zu dem Punkt, wo die Moyzesova mit der Tolstého zusammentrifft. Rechter Hand klettert die Kuzmányho in einer unbarmherzigen Geraden den Hang hinauf. Hier beginnt „San Francisco", wie diese steil ansteigenden Straßenzüge genannt werden. Wieder wird so etwas wie eine imaginäre Grenze deutlich: statt mehrstöckiger Gründerzeithäuser großbürgerliche Villen mit Erkern, Türmchen und Holzbalkons, umgeben von knorrigen Obstbäumen. Manche verwahrlost, vielleicht leerstehend oder im Besitz von jemandem, der sein Eigentum nach der Privatisierung 1991 zurückerhalten hat, aber die Mittel nicht aufbringen konnte, um es restaurieren zu lassen. Die Anwesen, die von ihren Besitzern bereits verkauft wurden, heben sich optisch meist deutlich von den anderen ab und sind heute nicht selten Sitz von PR- oder Werbeagenturen sowie ausländischen Firmenniederlassungen. Dass irgendwo eine Straßenbahn sich ächzend in die Kurve legt, passt akustisch gut ins Bild.

Einst elegante Villen, heute Häuser mit Patina

Viele der Häuser in dieser privilegierten Wohngegend gehörten während der ersten Republik (1918–1939) der gesellschaftlichen Elite des Landes. Nach deren Vertreibung gerieten sie 1945 in die Hände kommunistischer Apparatschiks. Der Zustand der Gebäude dokumentiert sozusagen Höhenflüge und Bruchlandungen, erzählt von Verlierern und Gewinnern.

Am Ende der Kuzmányho versperrt ein unbebautes Grundstück in extremer Hanglage den Weg: terrassenförmig angelegte Gärten, abgestützt durch Eternitwände. Auch das gibt es noch mitten im Wohngebiet! Früher einmal lagen hier heroben die für Bratislava typischen Weinberge, und dieses Stück Land hat sich standhaft jedem Bauboom widersetzt. Linker Hand reihen sich ein paar in den Berg hineingebaute Garagen aneinander, unmittelbar danach folgt eine steinerne Treppe. An der Hauswand darüber verweist ein Graffito mit Pfeil auf einen Abschneider zum Denkmal der Sowjetsoldaten – „Na Slavín" steht da in fein säuberlicher Handschrift. Dieser inoffizielle Schleichweg an den Fenstern von Wohnungen vorbei, über eine halbprivate Terrasse zwischen Gärten hindurch hat etwas sehr Intimes, macht den Besucher plötzlich zum Mitbewohner. Oben in der Donovalova angelangt, zweigt der Weg nach rechts ab. Zwischen den Bäumen blitzt erstmals die Silhouette der Burg auf – rundum nur Flachdächer, Holzveranden, Terrassen und Balkone zwischen mächtigen Baumkronen.

Eine Gartentüre quietscht, Vögel zwitschern, in der Ferne dröhnt der Straßenverkehr. Der Spaziergang wird jetzt rechts durch die Mišíkova fortgesetzt. Auf der einen Seite der Straße liegt ein noch unverbautes Stück Land, auf der anderen breitet sich hinter den Villen das Panorama der Stadt aus. Plötzlich eine scharfe Rechtskurve: Hier muss man unbedingt eine Verschnaufpause einlegen, denn würde man dem Verlauf dieser Straße folgen, käme man – schneller, als einem lieb ist – wieder an den Ausgangspunkt zurück.

Vis-à-vis der Stelle, wo die Mišíkova diesen radikalen Knick macht, liegt ein **Haus,** das (slowakische) Geschichte geschrieben hat: Auf Nr. 31 wohnte von 1958 an **Alexander Dubček.** Hier lebte er jahrelang unter Hausarrest, Tag und Nacht bewacht von Beamten des Geheimdienstes ŠTB. Dubček kam in einem kleinen Ort in der Westslowakei als Sohn eines Tischlers zur Welt und brachte es 1968 bis zum Ersten Sekretär der tschechoslowakischen Kommunistischen Partei. Er setzte sich für demokratische Reformen ein und wurde zur Symbolfigur des

Die ulica Mišíkova – die Gasse, in der Alexander Dubček wohnte

„Prager Frühlings". Seine Idee eines „Sozialismus mit menschlichem Antlitz" fand auch bei Nichtkommunisten viele Anhänger. Nach dem Einmarsch der Truppen des Warschauer Paktes am 20./21. August 1968 wurden Dubček und seine Mitstreiter gezwungen, das „Moskauer Protokoll" zu unterzeichnen. Das Ende der Reformen war besiegelt. Danach folgten Dubčeks Enthebung aus allen Ämtern und sein Ausschluss aus der Partei. Im November 1989, während der Samtenen Revolution, trafen sich erneut Regimegegner in dem Haus Mišíkova 31, um den Sturz des kommunistischen Regimes vorzubereiten. Nach der Wende rehabilitiert, wurde Dubček zum Präsidenten des Bundesparlaments gewählt, heute steht seine Büste auf dem Platz vor dem Gebäude des Slowakischen Nationalrats (▶ Seite 31). Nach seinem Tod – er starb 1992 bei einem Autounfall, dessen Ursache bis heute nicht ganz geklärt ist – bewohnte sein Sohn Peter noch drei Jahre lang das Haus. Seit Ende der 1990er-Jahre stand es leer, 2006 begann die Renovierung. Viele dachten, es könnte hier vielleicht einmal ein Museum entstehen. Aus diesen Plänen wurde nichts. Heute erhebt sich auf dem Natursteinfundament ein mehrstöckiges Appartementhaus, in das demnächst neue, zahlungskräftige Mieter einziehen werden.

Um die Tour fortzusetzen, geht man am besten die gleiche Strecke durch die Mišíkova zurück. Über dem unverbauten Grundstück – es liegt jetzt rechter Hand – sieht man ein gläsernes, mehrstöckiges Ungetüm auftauchen, ein typisches Beispiel postmoderner Investorenarchitektur. Als „Panoramahotel" ge-

Dominante im Stadtbild: das trapezförmige Rundfunkgebäude

Parkanlage „Na Slavíne" – Teil des steinernen Gedächtnisses der Stadt

plant, wurde das Haus nie eröffnet, denn während der zehnjährigen Bauzeit hatte ein anderer Investor die Parzelle davor gekauft und dem „Panoramahotel" mit seinem Neubau die Sicht verstellt. Früher stand an gleicher Stelle ein Ausflugsrestaurant, das Samstag und Sonntag regelrecht gestürmt wurde.

Es gehörte – wie ein kleiner Blumenladen – zur Infrastruktur rund um unser nächstes Ziel, das **Denkmal „Slavín",** das wir über die Straße Na Slavíne und dann über die Treppen erreichen. *slava* bedeutet Ruhm und bezieht sich auf die rund 7000 Soldaten der Roten Armee, die während der Befreiung Bratislavas im Zweiten Weltkrieg ums Leben kamen und hier begraben liegen. Ihre letzte Ruhestätte aufzusuchen, galt an den kommunistischen Feiertagen als Pflicht. Schüler legten Kränze nieder, Pioniere standen Spalier, Parteisekretäre hielten flammende Reden. Der 4. April, der Tag der Befreiung, war so ein rot gekennzeichneter Tag im Kalender. Auch der 8. Mai, Kriegsende, war „heilig", und der 7. November, der Tag der russischen Oktoberrevolution, sowieso.

Interessanterweise hat das Denkmal bis heute einen festen Platz im Leben der Pressburger. Es gehört irgendwie zum kulturellen Erbe, ist Teil des

Heldenstatue am Slavín

steinernen Gedächtnisses der Stadt, hat nichts Negatives oder Bedrückendes an sich. Heute betrachtet man das Verhältnis zur ehemaligen Sowjetunion mit Gelassenheit. Die russischen Soldaten, so sagt man sich, haben im Kampf gegen Hitlerdeutschland ihr Leben gelassen. Wir Slowaken waren stolz darauf, den Feind dank ihrer Hilfe besiegt zu haben. Was die Sowjets uns 1968 angetan haben, steht auf einem anderen Blatt ...

Das Denkmal mit der monumentalen Statue an der Spitze ist angeblich das zweitgrößte Monument dieser Art außerhalb der ehemaligen Sowjetunion. Es sieht so aus wie unzählige andere auch und legt den Schluss nahe, dass die Pläne direkt aus Moskau angeliefert wurden. Sozialistischer Realismus pur, mit all dem Pathos, das dazugehört. Interessantes Detail: Der Obelisk ist von all jenen Himmelsrichtungen aus zu sehen, aus denen die sowjetischen Befreier sich der Stadt genähert haben. Nicht aber vom Westen. Auch dahinter steckt, wenn man so will, eine verborgene Symbolik.

Der Kirche Maria-Schnee fehlt der Turm

Jeder Fremde, der mit Pressburger Freunden auf der Plattform vor dem Denkmal steht und auf die Stadt hinunterschaut, bekommt mit Sicherheit die Episode von der ▸ Kirche Maria Schnee erzählt: Das zartgelbe Gotteshaus aus den 30er-Jahren des vorigen Jahrhunderts hat heute keinen Turm mehr. Als in den 1960er-Jahren die Gestaltung des Slavín abgeschlossen war, ließen die kommunistischen Planer ihn kurzerhand schleifen. Sie gingen davon aus, dass die Besucher des sowjetischen Heldenfriedhofs sich durch den Anblick eines christlichen Symbols irritiert fühlen könnten.

Ein anderes markantes Wahrzeichen sticht aus der Masse der Dächer hervor: das ▸ Rundfunkgebäude aus den späten 1970er-Jahren in Gestalt einer verkehrten, auf dem Kopf stehenden Pyramide.

Die Gegend hier oben markiert nicht nur Etappen in der Geschichte der Stadt: Mit den geschwungenen Wegen, den engen

Gässchen, den alten Pflastersteinen und steilen Treppen verbinden die Pressburger Erholung und Distanz zum Alltag.

Was bei einem Rundgang auf dem Hügel noch ins Auge fällt: Im Norden grenzt das parkähnliche Gelände an einen Zaun mit Bewachungskamera. Dahinter liegt die sogenannte ▶ Rezeš-Villa, benannt nach dem Stahlmagnaten Alexander Rezeš aus Košice, einem „Privatiseur", wie man leicht abschätzig die Leute nennt, die aus der noch unklaren Rechtslage nach der Wende Kapital geschlagen haben. Die Villa hätte dem Staatspräsidenten als Residenz dienen sollen, wurde dann aber als für diesen Zweck ungeeignet erachtet, weil die Zufahrt mit dem Panzer nicht möglich war und sie im Notfall also nicht ausreichend geschützt werden hätte können.

Von der gegenüberliegenden ▶ Anhöhe im Westen aus soll Napoleon 1805 die Stadt erobert haben. Kurz danach kam es zur großen Dreikaiserschlacht bei Austerlitz. Napoleons berühmter Sieg wurde mit einem Abkommen bestätigt, das als „Frieden von Pressburg" in die europäische Geschichte einging (▶ Seite 49).

Das Portal der „Eulenvilla" bietet Einblicke ins Innere des Parks

Verlässt man das Areal von der Westseite, steht man in der Pažického, einer Sackgasse. Die rechts abzweigende Straße heißt Francúzskych partizánov, im Angedenken an die französischen Fallschirmspringer, die 1944 den Aufstand der Slowaken unterstützten (mehr dazu ▶ Seite 84). Sie führt zu zwei weiteren interessanten Objekten: einem ▶ modernen Neubau hinter videoüberwachten Mauern, ein weiteres Beispiel für die Dutzendware, die nach der Wende entstand. Und zu einer ▶ Jugendstilvilla, deren jetziger oder früherer Besitzer ein Faible für Vögel hatte. Er ließ sich in seinem Garten eine riesige Voliere errichten und gestaltete das Eingangsportal als Vogelmaske, durch die Passanten einen Blick ins Innere des Parks riskieren dürfen.

Der Horský-Park, beliebtes Naherholungsgebiet

Folgt man der Francúzskych partizánov weiter, beginnt der sogenannte **Horský-Park,** die erste öffentliche Parkanlage der Stadt, 1878 nach den Prinzipien der englischen Gartenkunst errichtet und bis heute als Naherholungsgebiet genutzt. Eine steile Treppe mit unzähligen Stufen führt direkt zum ▸ Alten Forsthaus (Libresco Horáreň, Lesná 1, Tel. 0905/502 687, 10–20 Uhr), einem literarisch angehauchten Treffpunkt im Grünen mit einem Wirten, der noch das Pressburger Deutsch spricht und täglich frisch gemachte Nussbeugeln serviert.

Zurück in die Pažického. Der Spaziergang führt nun durch die Stará vinárska, die alte Weinstraße. Hier thront wie auf einer Empore das **„Kleine Weiße Haus“,** eine Villa im Kolonialstil der Südstaaten, dem amerikanischen Original nachempfunden. In dieser 2003 fertiggestellten Residenz des US-Botschafters übernachtete G.W. Bush bei seinem Besuch im Jahre 2005. Wladimir Putin war nicht weit von ihm entfernt im **Hotel Bôrik** (Bôrik 15, Tel. 02/5998 1000) untergebracht, einem klassischen Beispiel eiskalter Bonzenarchitektur. Dieses Hotel befindet sich immer noch in Staatsbesitz, liegt auf einem Felsen über der Donau und

Das Alte Forsthaus ist berühmt für Nussbeugeln und Häferlkaffee

Das „Kleine Weiße Haus“, Residenz des US-Botschafters

bietet gerade am Morgen einen unglaublich schönen Ausblick über den Fluss. Wer mag, kann die Route um einen Abstecher dorthin erweitern bzw. abändern. Man erreicht das Hotel, indem man die Stará vinárska bis zur Mudroňova vorgeht und weiter durch die Jančova. Dann steht man quasi davor. Der Rückweg führt von der Jančova über die Radvanská und die Fialkové údolie bis zur Mudroňova und endet auf dem Dubček-Platz vor der Burg, von wo die Tour wie weiter unten beschrieben fortgesetzt wird.

Für diejenigen, die in der Stará vinárska geblieben sind, folgt die Route der Novosvetska Richtung Süden. Hier liegt auf Nr. 8 die **Villa Pfeffer** aus dem Jahre 1936, ein weiteres Glanzstück der Architekten Weinwurm und Vécsei. Spaziergänger sehen von außen leider nicht viel, was durchaus beabsichtigt war. Die Straßenseite zeigt eine minimale Anzahl von Fenstern und wirkt wie eine Festungsmauer. Was dahinter liegt, deckt sich bis heute mit den Vorstellungen idealen Wohnens: offene Räume, breite Fensterfronten, ein Wintergarten und zwei Terrassen auf unterschiedlichen Ebenen mit Blick auf die Stadt. Was die Innen-

Die Villa Pfeffer, in den 1930er-Jahren eines der luxuriösesten Privathäuser der Stadt

Der heute stillgelegte evangelische Friedhof

ausstattung betrifft, so soll es sich bei diesem Bau um eines der luxuriösesten Domizile der damaligen Zeit gehandelt haben.

In der Verlängerung der Novosvetska folgt die Šulekova. Dort befindet sich auf der rechten Seite der Eingang zum Cintorín Kozia Brána, dem heute stillgelegten **protestantischen Friedhof** aus dem Jahre 1783 (Mo–Sa 7–17, So 7–20 Uhr). Hier ließe sich noch etwas von dem (ehemals berühmten) kosmopolitischen Geist der Stadt erahnen, heißt es. Leider zwei Meter unter der Erde, wie manche Intellektuelle in Bratislava sarkastisch meinen. Der Friedhof stellt eine Art Schaukasten architektonischer Stile dar und spiegelt das Selbstbewusstsein der protestantischen Bürgerschaft wider. Auf dem terrassenförmig angelegten Gelände befinden sich zahlreiche prunkvoll gestaltete Grabstätten, unter anderem auch mit Kunstwerken des Barockbildhauers Alojz Rigele. Sehenswert ist auch die Kapelle der Familie Jeszenak, für die der Barockarchitekt Ignaz Feigler die Seitenflügel entworfen hat.

Die letzte Station dieser Tour, die **Burg** (Bratislavský hrad), erreichen wir über die Palisády. Es geht leicht bergauf und um Kräfte zu sparen, empfiehlt sich eine Fahrt mit dem Trolleybus Nr. 203 bis zur Station Bratislavský hrad. Über die Burg, die man während der ganzen

Die Burg von Bratislava gleicht einem umgekippten Ehebett

Wegstrecke immer wieder auftauchen und bei der nächsten Wegkrümmung verschwinden hat sehen, witzeln die Leute. Mit ihrer merkwürdigen Form – fast quadratisch mit einem Turm an jeder Ecke – sähe sie aus wie ein verkehrt aufgestelltes Ehebett oder ein umgekippter Tisch. Ihre Lage ist strategisch günstig: Sie thront 85 Meter über der Donau. Signale, die von hier aus gesendet wurden, konnte man bis zu den Römerlagern Gerulata, Hainburg und Carnuntum sehen.

Den 1970er-Jahren verpflichtet: das Parlament gleich neben der Burg

Auf dem nach Alexander Dubček benannten Platz wird man erneut Zeuge eines ästhetischen Durcheinanders: Hier steht das moderne Gebäude des **Nationalrats der Slowakischen Republik** (Námestie Alexandra Dubčeka, Tel. 02/5972 2462, www.nrsr.sk) – ein Kuriosum! Die Architekten arbeiteten jahrzehntelang an den Plänen, niemand konnte ahnen, dass ein Regimewechsel bevorstand und eine neue Zeit anbrechen würde. Obwohl Jahre nach der Wende fertiggestellt, strahlt das monumentale Gebäude des Parlaments heute immer noch die Bombastik kommunistischer Machtentfaltung aus. Wer mag, kann der jungen Demokratie „auf die Finger schauen". Jeder Interessierte ist eingeladen, den Nationalrat zu besuchen und von einem der Balkone aus einer Parlamentsdebatte beizuwohnen. Außerdem wird an Werktagen um 14 Uhr eine kommentierte Führung – auch in englischer Sprache – angeboten (Dauer 45 Minuten, Anmeldung zehn Minuten vor Beginn im Besucherzentrum, Lichtbildausweis erforderlich).

Alexander Dubčeks Büste: späte Ehre für einen großen Politiker

Alexander Dubčeks Büste blickt traurig über ein Wasserbecken mit stilisierter Lotusblüte hinweg auf parkende Autos. Das Restaurant Parlamentka im puren 1970er-Jahre-Design versprüht Ostblockcharme; es ist seit Jahren geschlossen. Der Blick von der Terrasse über die Donau zeigt die einst umstrittene Brücke Nový Most aus einer interessanten Perspektive. Das von zwei Pfeilern getragene spacige Restaurant Ufo (▶ Seite 60, 123) schwebt über der Trabantenstadt Petržalka, dem fünften Bezirk Bratislavas. Dazwischen schiebt sich seit 2007 eine weitere Vertikale ins Bild: der Aupark Tower, ein gläserner Büroturm neben dem Shopping- und Entertainment Center mit begrüntem

Die Burg aus ungewöhnlicher Perspektive

Neu in der Skyline von Bratislava: der Aupark Tower hinter der Nový Most mit teuren Büros und tollem Blick

Dachgarten und sensationellem Ausblick (www.aupark.sk, siehe auch ► Seite 130).

Wenn man sich nun der Burg zuwendet, könnte man meinen, ein historisches Ensemble vor sich zu haben: doch nein. Das Original aus dem 9. Jahrhundert fiel 1811 einem Großbrand zum Opfer, 150 Jahre lang stand hier nur eine Ruine. In den 1960er-Jahren sollte mit diesem prominenten, die Stadt überragenden Platz etwas geschehen. Drei Varianten wurden diskutiert: etwas Hochmodernes bauen, zum Beispiel ein Hotel oder ein Universitätsgebäude, die Ruine so belassen, wie sie war; oder die Burg originalgetreu wieder aufbauen. Die Verantwortlichen entschieden sich für die letzte Variante, die teuerste. Als einziges historisches Relikt ist in der zweiten Fensterreihe ein gotisches Fragment an der Fassade erkennbar. Von der Existenz als Ruine zeugt noch ein Text aus ► Grillparzers Tagebuch aus dem Jahre 1843 (Bratislava. Europa erlesen. Wieser 2001): „Für den Nachmittag hatte ich mit einem Beamten der ungarischen Hofkanzlei, den ich in der Ständesitzung fand, Verabredung zu einem Spaziergang genommen. Wir verfehlten uns übrigens, und so stieg ich denn allein eine Anhöhe hinauf, die, wie es sich fand, der Schlossberg war. Die Aussicht von der Ruine herab ist wunderschön. Es war übrigens unleidlich heiß, und so legte ich mich im Schatten der Mauern nieder und dachte – nicht viel."

Dieses „Programm" ließe sich auch heute noch nachvollziehen, doch die Tour führt nun weiter durch das sogenannte Wiener Tor, das prunkvollste der vier Tore, gedacht für offizielle Anlässe. (Da die Burg zwischen 2008 und 2010 umfassend restauriert wird, könnte der Zugang zu dem Gelände und den Museen dadurch eingeschränkt sein. Siehe www.snm.sk).

Der Südflügel des Burghofes

Bevor man den Ehrenhof und somit den eigentlichen Eingang zur Burg erreicht, kommt man links an einem langgestreckten klassizistischen Gebäude in Schönbrunnergelb vorbei. Maria Theresias Lieblingstochter Marie Christine und ihr Mann Albert von Sachsen-Teschen (Begründer der Albertina in Wien) lebten hier 15 Jahre lang. Albert war von seiner Schwiegermutter als Statthalter eingesetzt worden, und das **„Kleines Theresianum"** genannte Schloss diente den beiden als Wohnung. Nach der Wende wurde es originalgetreu nachgebaut und beherbergt heute die Büros der Parlamentarier. Zu Maria Theresias Zeiten hatte die Burg unter anderem die Funktion einer königlichen Schatzkammer. Im südwestlichen Turm lagerten die Krönungsinsignien. Eine Kopie der Stephanskrone, die in Budapest aufbewahrt wird, kehrte als Geschenk des ungarischen Staates in den Siebzigerjahren des vorigen Jahrhunderts hierher zurück.

Der Ehrenhof: Hier patrouillierten die Wachen der königlichen Hofgarde

Hausmusik – einst beliebter Zeitvertreib des Bürgertums

Heute dient die Burg vor allem Repräsentationszwecken. Auf mehrere Stockwerke verstreut, zeigt das **Slowakische Nationalmuseum** (Tel. 02/5441 1444, www.snm.sk, Di–So 9–17, im Sommer 9–18 Uhr) Exponate zur Geschichte des Landes: historische Waffen, Möbel und Kunstgegenstände. Zu den originellsten Stücken der Sammlung gehört die erste Schönheitskönigin der Slowakei, ein Weiblein mit Hängebauch. Die ▶ „Venus von Moravany" ist eine nur 7,5 Zentimeter große, aus einem Mammutzahn geschnitzte Figur, die ein Bauer beim Pflügen zufällig entdeckt hat.

Das Musikmuseum beherbergt rund 200.000 Exponate

Beim Überqueren des Burgareals fällt ein Orientierungspfeil auf: Er weist den Weg zur Bastei mit dem lustigen Namen „Luginsland". Hier ist eine durchaus sehenswerte **Sammlung historischer Musikinstrumente** untergebracht (Tel. 02/5972 4212, Di–So 9–17, im Sommer 9–18 Uhr).

Jetzt hätte man sich eigentlich eine kleine Rast verdient. Die „Hradná Vináren", die Burgschenke, würde sich dafür auch bestens anbieten. Leider ist sie seit Jahren geschlossen. Nichts spricht aber dagegen, von der Terrasse kurz einen Blick auf das Panorama zu werfen.

Standhaft und unverwüstlich: das Kirchlein des heiligen Nikolaus

Man erlebt so eine völlig andere Stadt – die der Renaissance mit filigranen rußgeschwärzten Kirchturmspitzen, vor dem Hintergrund roter Ziegeldächer. Nach einer kurzen Verschnaufpause beginnt dann der Abstieg vom Schlossberg.

Man verlässt das Areal durch das Nikolaustor im Nordosten der Burganlage. Dahinter führen mit Pflastersteinen ausgelegte Serpentinen bis zum **Kirchlein des heiligen Nikolaus.** Es wurde 1660 von der Witwe Paul Pálffys – eine wichtige Figur des damaligen öffentlichen Lebens – gestiftet und wirkt eher wie eine Kapelle, zierlich, fast bescheiden. Seit 1950 dient es der orthodoxen Kirche von Bratislava als Gotteshaus. Der Cintorín sv. Mikuláša, der Friedhof, der sich hier einmal befand, wurde in die Nähe des Donauufers verlegt (► Seite 74).

Über alte, ausgetretene Stiegen kommt man in die Mikulášska, wo die Tour in einem der kleinen Cafés bei einer heißen Schokolade endet.

Der Krönungsweg

Ausgangspunkt: Rudnayovo námestie
Endpunkt: Hviezdoslavovo námestie
Dauer: je nach Tempo und Aufenthaltsdauer: 2 Stunden (Abschweifungen nicht eingerechnet)
Die Route: Rudnayovo námestie (Martinsdom ❶) – Kapitulská (Palais Esterházy ❷) – Prepoštská – Ventúrska (Palais Zichy ❸, Palais de Pauli ❹, Ungarische Königliche Kammer ❺, Palais Pálffy ❻) – Sedlárska (Palais Kutscherfeld ❼) – Hlavné námestie (Roland-Brunnen ❽, Altes Rathaus ❾) – Abstecher: Primaciálne námestie (Primatialpalast ❿) – Františkánske námestie (Jesuitenkirche ⓫, Franziskanerkloster ⓬, Palais Mirbach ⓭) – Biela ulica (Haus zum Schwarzen Raben ⓮) – Michalská (Haus der Familie Segner ⓯, Apotheke zum Roten Krebs ⓰, Michaelerturm ⓱) – „Brücke der Liebenden" – Hurbanovo námestie – Námestie SNP – Abstecher in die Klobučnicka (Hummel-Museum ⓲) – Kamenné námestie – Štúrova –

Unbedingt sehen:
1 Martinsdom **2** Fresken am Haus Nr. 15 in der Kapitulská
3 Spiegelsaal des Primatialpalastes **4** Blick vom Turm des Michaelertores
5 Hummelmuseum

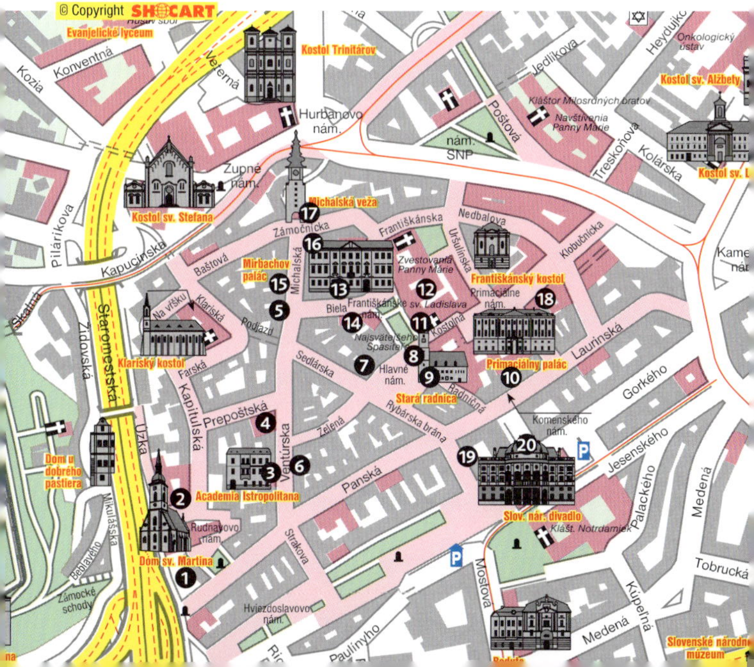

Jesenského – Námestie L'udovíta Štúra Hviezdoslavovo námestie (Fischertor ⑲, Nationaltheater ⑳)

Die Route führt durch das sorgsam restaurierte Stadtzentrum, zurück in jene Zeit, als renommierte Adelsfamilien – die Pálffys, die Esterházys, die Batthyánys – sich in Pressburg niederließen, schmucke Palais errichteten und die Atmosphäre der Stadt prägten. Wir folgen den Spuren des Krönungsumzugs der ungarischen Könige, den die Stadtverwaltung mit Messingplaketten markiert hat.

Ausgangspunkt der Tour ist der **Martinsdom** am Rudnayovo námestie (Mo–Sa 8–11.30 und 13.30–16.30, So 13.30–16.30 Uhr). Hier wurde 1833 Beethovens Missa solemnis uraufgeführt, Franz Liszt dirigierte 1884 seine Krönungsmesse in diesen heiligen Hallen, und Franz Grillparzer notierte 1843 in sein Tagebuch: „Durch die Stadt geschlendert. Sie ist doch hübscher und städtischer, als es im ersten Augenblicke scheint. Unter den Frauenzimmern mitunter auffallend hübsche. In die St. Martins-Domkirche eingetreten, die von außen recht gut aussieht, inwendig aber nicht viel bedeuten will. Das Abbild des Heiligen auf dem Hochaltar, er scheint aus Erz gegossen, und kam meinem schlechten Auge aus der Ferne nicht übel vor. Irre ich nicht, so ist er in ungarischer, halb moderner Kleidung, was sonderbar genug wäre."
Trotz seiner Kurzsichtigkeit liegt der grantelnde Hofrat aus Wien mit seiner Einschätzung richtig: Die Frauen in Bratislava sind schön, und der von Bildhauer Raphael Donner (1693–1741) dargestellte heilige Martin trägt tatsächlich die Uniform eines ungarischen Husaren. Seine Gesichtszüge erinnern an den Auftraggeber Emmerich von Esterházy, den großen Kunstmäzen, den ungarischen Medici. Der feinsinnige Erzbischof hatte den Künstler aus Wien – bekannt vor allem durch den Donnerbrunnen am Neuen Markt – nach Pressburg geholt und für einige Jahre mit Aufträgen eingedeckt. Die von Grillparzer beschriebene Figurengruppe war Teil des Barockaltars. Heute befindet sie sich in der rechten Ecke des Südschiffes.
Der Dom ist eine alte Festungskirche, die an die Stadtmauer anschloss, deshalb liegt sein Portal bzw. der Haupteingang an der Seite. Der Kirchturm diente gleichzeitig als Schutzbastion. Die erste Erwähnung stammt aus dem Jahre 1221, auf den romanischen

Fundamenten begann man Anfang des 14. Jahrhunderts, den heute dreischiffigen gotischen Bau zu errichten. 1452 wurde er geweiht, seine Bedeutung liegt vor allem in der ehemaligen Funktion als Krönungskirche. Nach der Niederlage in der Schlacht bei Mohács 1526 übernahm Pressburg, ungarisch Pozsony, die Funktion der ungarischen Hauptstadt, da Buda von den Türken besetzt war. Bis 1830 fanden im Martinsdom die Krönungen von elf ungarischen Königen und acht ihrer Gemahlinnen statt. Der erste war am 8. September 1563 Maximilian II., der letzte – am 28. September 1830 – Ferdinand V. Die einzige Frau, die den Treueschwur auf die Stephanskrone ablegte, war am 25. Juni 1741 Maria Theresia.

Der Martinsdom aus dem 13. Jahrhundert dominiert bis heute das Stadtbild

Über einen roten Teppich führte man die aus Wien angereisten Habsburger hinauf zur Domtreppe, wo sie der Primas, der oberste kirchliche Würdenträger, empfing. In der Sakristei legte man ihnen den schweren, nach Naphthalin riechenden Krönungsmantel um die Schultern, dann nahmen sie im Dom unter einem roten Baldachin Platz, und es wurde die Stephanskrone auf einem Samtkissen hereingetragen. Die Orgel brauste auf, der Dom erzitterte in seinen Grundfesten. Die Menge geriet in Bewegung.
Heute surren die Videokameras. Und das nicht nur bei den Konzerten klassischer Musik, die das slowakische Kammer Trio hier im Sommer veranstaltet (www.klassic.sk). Seit dem Jahr 2003 liefert die Krönungszeremonie der ungarischen Könige den Stoff für ein gigantisches Spektakel, das zwei Tage lang die Illusion wach hält, Bratislava wäre immer noch Pozsony. Über 200 Schauspieler in historischen Kostümen mimen die Bürger von damals. Handwerker hämmern, schmieden und sägen in den Gassen, auf den Plätzen finden Ritterkämpfe statt, und

Im Kopfsteinpflaster eingelassene Plaketten markieren den Krönungsweg

Gaukler geben ihre Künste zum Besten. Adelige werfen sich in Pose: die Würdenträger der österreichischen Erbländer gemäß der spanischen Etikette ganz in Schwarz, die ungarischen Magnaten in Pelzwämsern mit goldener Verbrämung, schnurverzierten Zobelfelljacken, auf den Köpfen Reiherfedern mit Edelsteinen.

Aus den Brunnen fließen Bier und Wein, auf dem Platz vor dem Nationaltheater dreht sich über dem Feuer ein Spieß mit saftigem Ochsenfleisch. An die hunderttausend Besucher bevölkern die Gassen der Stadt und machen dem Spitznamen „Partyslava" alle Ehre.

Das Fest geht alljährlich Anfang September über die Bühne, immer ist eine andere historische Figur an der Reihe, zum König gekrönt zu werden. Einmal war es Maximilian II., dann Rudolf II. (Info: www.bratislava-info.sk).

Die Zeremonie im Dom dauert in etwa eine Stunde, gefolgt vom festlichen Umzug durch die Stadt. Seinen genauen Verlauf markieren runde, ins Kopfsteinpflaster eingelassene Plaketten aus poliertem Messing. Die darauf abgebildeten Königskronen weisen den Weg zu den einzelnen Stationen. Die erste befindet sich am Rudnayovo námestie, wo die Fußgängerzone beginnt. Hier stieg der König vom Pferd. Neben den Büsten von Franz Liszt (1811–1886) und Raphael Donner ist auch Anton Bernolák (1762–1813) auf diesem Platz in Stein verewigt. Er kodifizierte 1787 die slowakische Schriftsprache und legte das Fundament, auf dem das nationale Selbstbewusstsein der Slowaken

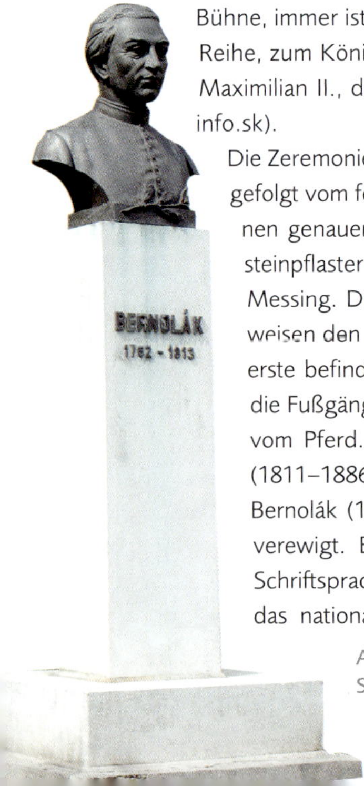

Anton Bernolák legte die slowakische Schriftsprache fest

ruht. Das Slowakische steht dem Tschechischen sehr nahe, Sprecher beider Sprachen können sich ohne größere Schwierigkeiten verständigen, doch könnte keiner für sich die Sprache des anderen korrekt sprechen, ohne sie gelernt zu haben.

Die Route umrundet den Dom von der Westseite und führt in die Kapitulská. Idealer Zeitpunkt für diesen Rundgang ist übrigens der Vormittag, 10.30 oder 11 Uhr – nicht später, denn dann ist der Dom geschlossen. Um die Mittagszeit durch diese stille Gasse zu gehen, verstärkt den Eindruck historischer Authentizität. Es fahren keine Autos, das Licht fällt senkrecht auf das alte Kopfsteinpflaster, und wenn punkt zwölf Uhr das Glockengeläut einsetzt, kommt eine Spur von festlicher Stimmung auf, wie sie damals wohl geherrscht hat, als die Straße mit Samt ausgelegt war und der König würdevoll hier entlangschritt. Im Ersten Weltkrieg wurden die Glocken eingeschmolzen. Seit der Jahrtausendwende befinden sie sich wieder im Einsatz – ein Geschenk der Nachbarländer anlässlich des Millenniums. Niederösterreich, das Burgenland und Wien spendeten die größte, die „Maria Theresia", Budapest gab die „Heilige Margita" und Warschau den „Johannes Paul II.". Aus Prag kam der „Heilige Adalbert" und aus Kiew der „Heilige Wladimir".

Laut Protokoll musste der König zu Fuß gehen. Damit er nicht allzu schnell ermüdete, war das holprige Pflaster mit Holzstegen überdeckt und darüber noch samtenes Tuch gebreitet.

Im Mittelalter nannte man die Kapitulská Priestergasse, und bis heute dienen die Häuser in dieser Gasse vorwiegend kirchlichen Zwecken. Rechts, auf Nr. 19, liegt die ► Propstei, links, auf Nr. 20, das 1642 gegründete ► katholische Priesterseminar (Collegium

Fernab vom Autoverkehr: die Kapitulská ulica

Americanum). Das Institut bildete auch während der kommunistischen Zeit Geistliche aus, war aber nicht – wie heute wieder – Teil der Universität. Hinter den niedrigen, einstöckigen Gebäuden lugt ein wunderschön verzierter ▶ gotischer Turm hervor. Er gehört zum Kloster der Klarissinnen (Klariská 3–5). Da es dem Bettelorden verboten war, die Türme der Kirchen längs der Hauptachse aufzustellen, ließen die findigen Klosterschwestern den ihren neben dem Gotteshaus errichten. Er lehnt wie von ungefähr an der Seitenwand der Kirche. Das Kloster wurde später zu einem Gymnasium umfunktioniert, zu dessen Schülern auch der ungarische Komponist Béla Bartók (1881–1945) zählte.

Der filigrane Turm des Klarissinnenklosters zeichnet sich hinter den Dächern ab

Was den Charme dieser Gasse ausmacht: Keines der Häuser überragt das andere. Sie bestehen in der Regel aus dem Erdgeschoß, dem ersten Stock und dem Dach und sind noch nicht bzw. sehr behutsam restauriert. Auffallend auch die kunstvoll geschnitzten hölzernen Tore. Die Gaslaternen – sie waren noch bis in die Sechzigerjahre des vorigen Jahrhunderts in Betrieb – sind oft an der Hauswand angebracht. Die viereckigen stammen noch aus dem 19. Jahrhundert, die runden sind nachgebaut.

Das einzige bedeutende „profane" Gebäude in der Kapitulská ist das **Palais Esterházy** auf Nr. 6–8. Joseph Haydn, damals Kapellmeister des Fürsten, brachte hier einige seine Werke zur Aufführung.

Ein paar Schritte weiter zweigt rechts die Prepoštská, die Propstgasse, ab. Wendet man sich kurz zurück, fallt der Blick durch ein schmiedeeisernes Gitter auf einen Stiegenaufgang, der in einen begrünten Hinterhof führt. Im Hintergrund zeichnet sich einer der Türme der Pressburger Burg ab. Diese sehr oft fotografierte Ansicht ist typisch für Bratislava: Die Häuser gehen „in die Tiefe", finden ihre natürliche Ergänzung im Grünen. Solche Winkel gibt es heute nicht mehr viele. Hier erinnert nichts an moderne Städte: keine Reklameschilder, keine Geschäftsportale, keine Neonröhren – als hätte jemand all das moderne Stadtinventar aus dem Blick-

An den Häusern der Prepoštská wurden alte Fresken freigelegt

feld geräumt. Das Katzenkopfpflaster ist noch das gleiche wie vor 300 Jahren, an den Fassaden sind Fragmente freigelegter Fresken zu sehen, alte Steinmetzarbeiten kennzeichnen Maueröffnungen, die zur Belüftung der Kellerräume dienten.

Ursprünglich waren die Erker zur Verteidigung gedacht – man sah genau, wer sich dem Tor näherte und mit welcher Absicht. So konnte blitzschnell reagiert werden – wenn es sein musste, auch mit dem Schwert. Erst später saßen hier schön herausgeputzt die Damen und beobachteten das Geschehen auf der Straße.

Ein vielfotografiertes Motiv: Einer der Türme der Burg ragt zwischen den Häusern hervor

Über dem Portal des Hauses Prepoštská 1 prangt das ▶ Wappen Napoleons. Der Kaiser der Franzosen verbrachte 1809 einen einzigen Tag in Pressburg, Zeit genug für eine Liebesaffäre und um einen Nachkommen zu zeugen. So erzählt man es sich zumindest.

Die Gasse mündet in die Ventúrska, eine der Hauptachsen der Innenstadt. Schaut man nach links, hinauf zum Michaelertor, ergibt sich wieder eine dieser einheitlichen Stadtansichten, die wie ein Gemälde aus alter Zeit wirken. Auf Ventúrska 9 liegt einer der berühmtesten Pressburger Paläste, das klassizistische **Palais Zichy.** Aus dem seit dem 13. Jahrhundert belegten Geschlecht der Zichys gingen zahlreiche berühmte Persönlichkeiten hervor.

Das Café-Restaurant im Palais Zichy

Karoly Zichy etwa (1753–1826) war österreichischer Kriegs- und später Innenminister. Das Palais dient heute als Standesamt, und ab Mai rascheln hier bodenlange Brautkleider, fließen Freudentränen und weht der Duft frischer Rosensträuße durch die Gänge. Das ▶ Restaurant Zichy (Tel. 02/5443 1683, tägl. 11–23 Uhr) im Erdgeschoß wird bevorzugt von Opernbesuchern aus Wien aufgesucht, die offenbar sowohl den dezenten Rahmen als auch die klassische Küche schätzen. Der Keller mit seiner bei Schülern und Studenten beliebten ▶ Teestube (Čajovňa v podzemi im Palais Zichy, Tel. 02/5443 0217, tägl. 11–23 Uhr) gehört ganz der Alternativszene. Man sitzt eingehüllt in den Duft von Räucherstäbchen auf weichen Pölstern und genießt ein extrem großes Sortiment an Teesorten aus aller Welt. An der Theke werden die Tees auch zum Verkauf angeboten.
Ein Stückchen weiter oben, auf Ventúrska 13, steht das 1775/76 erbaute **Palais de Pauli,** benannt nach Leopold de Pauli, dem Hauptverwalter der kaiserlichen Besitzungen. Es verfügt als einziger Palast der Innenstadt über einen Garten und einen Musikpavillon im Rokokostil. Hier gab am 28. November 1820 der neunjährige Franz Liszt ein Klavierkonzert. Ein Artikel in der *Pressburger Zeitung* hatte die kunstsinnigen Adeligen der Stadt auf das begabte Kind aufmerksam gemacht. In der Folge erhielt Liszt sechs Jahre lang aus Pressburg ein Stipendium und später dann Auftrittsangebote aus ganz Europa. Die Karriere des großen Klaviervirtuosen begann also in dieser Gasse. Genau vis-à-vis dem Palais de Pauli, auf Nr. 5, lagen die ▶ Redaktionsräume der *Pressburger Zeitung,* die ebenfalls auf eine außergewöhnliche Karriere zurückblicken kann. Es gibt kein deutschsprachiges Medium, das sich derart hartnäckig lang gehalten hat: Die Zeitung er-

schien ohne Unterbrechung von 1764 bis 1945 und dann wieder ab 2004. Das Palais de Pauli beherbergt heute die ultramoderne ▶ Universitätsbibliothek mit glasüberdachtem Innenhof, 2005 feierlich eröffnet durch George Bushs Gemahlin Laura.

Gegenüber, auf Ventúrska 22, befindet sich das ▶ Antiquariat Steiner (Tel. 02/5443 3778, Mo–Fr 10–18 Uhr), eine mit dem literarischen Leben der Stadt seit jeher eng verbundene Pressburger Institution. Die Regale zieren Ausgaben deutscher, ungarischer und slowakischer Klassiker – ganz so, als gäbe es sie noch, die multikulturelle Stadt. Selma Steiner hat als einziges Mitglied dieser alteingesessenen jüdischen Buchhändlerfamilie den Naziterror überlebt und ist nach Kriegsende nach Bratislava zurückgekommen. Von ihrem erblindeten Großvater erzählt sie, er sei ein so ausgezeichneter Buchkenner gewesen, dass er durch Ertasten der Druckseite bestimmen konnte, aus welchem Zeitraum das Buch stammte und welches Thema es beschrieb. Nach der Wende setzte der neue Hausbesitzer die Mieten dermaßen hinauf, dass Selma Steiner ihr Geschäft übersiedeln muss. Auf Nr. 5–7 der Ventúrska soll das Antiquariat im Hof der 1465 gegründeten Academia Istropolitana, der ersten Universität des Landes, in Zukunft eine neue Heimstatt finden.

Die Ungarische Königliche Hofkammer – heute Universitätsbibliothek

Weiter oben, auf gleicher Höhe mit der Abzweigung in die Sedlárska, liegt ein nicht zu übersehendes grau-weißes Barockgebäude – die **Ungarische Königliche Kammer** (Michalská 1). Über dem Giebelfeld ist das Staatswappen Ungarns angebracht mit dem „Turul", dem Adler, der durch die ungarische Mythologie geistert. Ein paar Tage vor der Krönung versammelte sich hier der ungarische Adel, um darüber abzustimmen, ob der Kandidat auch

genehm sei. Seit der Zeit Karls VI., des Vaters Maria Theresias, fielen diese Beratungen weg, jeder Habsburgerkaiser war automatisch König von Ungarn.
Im 19. Jahrhundert wurde der Palast zum Parlamentsgebäude der ungarischen Stände. In den Jahren 1847 bis 1848 setzte sich hier der junge Abgeordnete L'udovít Štúr (1815–1856) mit glühenden Reden für die Interessen der Slowaken ein. Nach diesem gefeierten Nationalhelden, der als Schriftsteller und Philologe die heutige Version der slowakischen Literatursprache schuf, sind einige Straßen und Plätze der Stadt benannt. Seit 1953 gehört das Gebäude zur Universitätsbibliothek.
Bevor man nun dem Verlauf der Krönungsroute folgt, sollte man noch einen Abstecher in südlicher Richtung machen. Die Adresse Ventúrska 10 ist in mehrfacher Hinsicht von Bedeutung. Das **Palais** gehörte Leopold **Pálffy** (1716–1773), dem Befehlshaber der ungarischen Adelsgarde. Die Darstellung von Waffen und anderen kriegerischen Symbolen über der Toreinfahrt zeugt noch davon. Links neben dem Eingang erinnert eine Gedenktafel an den sechsjährigen Wolferl, der kurz vor Weihnachten 1762 hier ein Gastspiel gab. Ob es Mozarts Kurzvisite war, die das Außenamt veranlasste, nach der Wende hier die österreichische Botschaft einzurichten? Wer weiß. Um das Haus ranken sich viele Geschichten. Eine schwarze Dame soll in den Nächten durch die Räume spuken und unliebsame Bewohner drangsalieren. Gabriele Matzner-Holzer, die als österreichische Botschafterin das Palais bis 2001 bewohnte, hat die Black Lady nie zu Gesicht bekommen. In ihrem Buch ▶ „Die unbekannte Slowakei" (Holzhausen 2001) erzählt sie eine andere Geschichte: die von Alexander Dubček, der im Arbeitszimmer des Botschafters vor Freude weinte, als er erfuhr, dass Václav Havel 1989 zum Präsidenten der Tschechoslowakei gewählt worden war.

Hier hat Mozart musiziert: das Palais Pálffy in der Ventúrska

Einziger Stilbruch im Barockensemble: der slowakische Schriftstellerverband

Zurück in frühere Zeiten: Der königliche Festtagszug bog nun in die Sedlárska ein, wo sich heute eine Cocktailbar an die andere reiht. Trotzdem bilden die Fassaden immer noch ein geschlossenes Ensemble, und es fällt nicht schwer, sich vorzustellen, wie die Gasse früher ausgesehen hat. Nur ganz unten an der nächsten Querstraße stört ein 1970er-Jahre-Bau die Harmonie. Für Fans der Seventies fällt der ▶ Verband slowakischer Schriftsteller unter die Rubrik „sehenswert". Straßenseitig erstreckte sich früher die Auslage einer Buchhandlung mit Kunstbänden, Kochbüchern, Wanderkarten und Belletristik, heute können sich nur mehr Geschäfte mit starkem Umsatz an so prominenter Adresse in der Innenstadt niederlassen. In den oberen Stockwerken liegen Büros, im Souterrain befand sich der Club. Hier zu verkehren, galt als etwas Besonderes, nur wer sich als Mitglied ausweisen konnte, wurde eingelassen. Man zahlte zwei Prozent seiner Honorare in einen Fonds ein und konnte sich hier sehr kostengünstig das ganze Jahr über verpflegen lassen. Sogar einen Gast durfte man mitbringen und zu den gleichen Konditionen bewirten lassen.

Das Palais Kutscherfeld, heute Sitz der französischen Botschaft

Ecke Sedlárska und Hlavné namestie, dem Hauptplatz, liegt das **Palais Kutscherfeld.** In diesem fast zierlich wirkenden Rokokopalast lebte und arbeitete im Jahre 1847 der berühmte russische

Komponist und Pianist Anton Grigorewitsch Rubinstein. Er gab am Zarenhof Musikunterricht, war Mitbegründer des Konservatoriums in St. Petersburg und galt als Rivale von Franz Liszt. Mit Arthur Rubinstein, dem Klaviervirtuosen des 20. Jahrhunderts, besteht keine Verwandtschaft. Seit 1991 haben die französische Botschaft und das französische Kulturinstitut hier ihren Sitz.

Die schwere Krone auf dem Haupt, einen Fuß bedächtig vor den anderen setzend, schritt der König weiter bis zum Hauptplatz, dem Hlavné namestie. Hier musste er am sogenannten **Roland-Brunnen** vorbei. Inoffiziell wird er auch Maximilianbrunnen genannt, nach Maximilian II. (1527–1576). In einer Zeit der konfessionellen Unruhen an die Macht gekommen, versuchte dieser bescheidene Habsburger, ausgleichend zu wirken. Er war sehr gebildet, versammelte viele Gelehrte um sich und vertrat die Idee, der Kaiser müsse über den Konfessionen stehen. Während der Feierlichkeiten anlässlich seiner Krönung im Jahr 1563 wütete ein Brand in der Stadt, und deshalb wurde am Hauptplatz ein Feuerlöschbecken angelegt. Neun Jahre später, im Jahr 1572, ließ Maximilian an derselben Stelle einen Brunnen errichten. Die aus Sandstein gehauene Roland-Statue entstand im selben Jahr und trägt seine Züge. In der Nacht von Silvester auf Neujahr dreht sie sich dreimal um die eigene Achse, heißt es; doch zu sehen bekomme das Schauspiel nur, wer in Pressburg geboren sei, niemals gemeckert habe, niemals zu spät gekommen sei, niemals gelogen habe ... also niemand. Diese charmante, ironische Art, mit den eigenen Schwächen umzugehen, gereicht den Pressburgern zur Ehre.

In der Zeit vor Weihnachten und vor Ostern scharen sich zahlreiche Buden rund um den „Roland". Das Angebot an Kunsthandwerk macht neugierig, denn man findet hier nicht wie auf anderen Märkten das übliche Einerlei, sondern ausschließlich Handarbeit aus dem Umland.

Doch zurück zum König und seinem Gefolge. Majestätisch schritt er über den Hauptplatz und wurde vor dem Rathaus von den Stadtvätern be-

Der Roland-Brunnen

grüßt. Der älteste Teil des Gebäudes stammt aus der ersten Hälfte des 15. Jahrhunderts und diente als Privathaus des Bürgermeisters. Heute ist im Alten Rathaus das ► Städtische Museum untergebracht (Primaciálne námestie 3, Tel. 02/5443 4742, Di–Fr 10–17, Sa, So 11–18 Uhr); ausgestellt sind Erinnerungsstücke an die ruhmreiche Vergangenheit der Stadt, unter anderem auch Bilder von der Krönungszeremonie.

Das Alte Rathaus

Dahinter liegt der Primaciálny palac, der Primatialpalast (Primaciálne námestie 1, Tel. 02/5935 6470, Di–So 10–17 Uhr), erbaut 1781 für den Erzbischof Jozef Batthyány. Hier unterzeichneten Franz II. (I.) und Napoleon I. 1805 den Frieden von Pressburg. Für die Niederlage in der Schlacht von Austerlitz musste der Habsburger einen hohen Preis zahlen: Bonaparte als französischen Kaiser anerkennen, Tirol und Vorarlberg an Bayern abgeben und das sogenannte Vorderösterreich (Gebiete in Süddeutschland) den Satellitenstaaten Frankreichs überlassen. Als Entschädigung erhielt Österreich das Erzbistum Salzburg mit Berchtesgaden. Erfreulicher Nebeneffekt: Der 1756 geborene Mozart wurde dadurch offiziell Österreicher – ein Umstand, von dem das Land bis heute profitiert.

Der Primatialpalast

Der Primatialpalast ging 1903 in den Besitz der Stadt Pressburg über. Er gehört heute vor allem wegen seines Spiegelsaals und der englischen Gobelins aus dem 17. Jahrhundert zu den „Must-sees".

Der gleich neben dem Alten Rathaus gelegenen Jesuitenkirche am Františkánske námestie, dem Franziskanerplatz, fehlt der Turm. Sie wurde 1638 als protestantisches Gotteshaus erbaut

Italienisches Flair am Franziskanerplatz

und sollte im Straßenbild möglichst nicht auffallen. Im Zuge der Gegenreformation beschlagnahmt, wurde sie schließlich den Jesuiten zugesprochen. Die Kirche wird bis heute stark frequentiert. Die Slowaken sind traditionell katholisch, der Heilige Stuhl konnte in diesem Land seit der Wende sogar Zuwächse verzeichnen. Sehenswert sind unter anderem die kunstvollen Holzschnitzereien am Eingangstor, an den Beichtstühlen und an der Kanzel. Im Sommer finden hier Konzerte klassischer Musik statt (www.klassic.sk).

Bei der ▶ Mariensäule am Franziskanerplatz legte der Krönungskonvoi eine kurze Pause ein. Gedränge. Geschrei. Geld, das durch die Luft flog. Freigebige Herren warfen goldene und silberne Krönungspfennige in die Menge, die Leute stürzten sich aufs Pflaster, grapschten nach dem Geld, rauften sich darum.

Holzschnitzereien am Eingangstor der Jesuitenkirche

Nun wandte sich der Landesherr nach Norden und betrat das **Franziskanerkloster,** wo er einige verdienstvolle Untertanen zu Rittern schlug und in den Orden des goldenen Sporns aufnahm. Die Kirche dieses Klosters, eine der ältesten der Stadt, gehört zu den markantesten Beispielen gotischer Architektur. Der Eingangsbereich ist barockisiert worden, und beide Epochen sind in Form einer „doppelten Pforte" immer noch gegenwärtig. Rechts neben dem Eingang wurden bei der letzten Renovierung im Jahr 2000 die Nischen freigelegt, in denen die Mönche sich während der Messe aufhielten.

Der Franziskanerplatz bietet vor allem eines: Freiraum, was mitten in der City durchaus etwas Besonderes ist. Die barocken Fassaden, die Marienstatue, die schattenspendenden Bäume laden dazu ein, stehen zu bleiben, zu schauen und sich Zeit zu lassen. Kein Auto, Moped oder Mofa kommt einem hier in die Quere. Die Zufahrt zu den Bars und Restaurants ist nur bis elf Uhr vormittags gestattet. Verkehrssünder, die sich nicht an die Bestimmungen halten und vielleicht sogar hier parken, müssen mit einer „Kralle" rechnen. Gäste, die sich in dem 2007 neu eröffneten **Arcadia Hotel** (Františkánska 3, Tel. 02/5930 8585, www.arcadia-hotel.sk) der Vienna International Gruppe einquartieren, brauchen sich darüber nicht den Kopf zu zerbrechen: Sie werden mit der Limousine abgeholt oder benützen die Tiefgarage. Das erste 5-Sterne-Hotel der Stadt liegt in der Františkánska, einer kleinen Gasse nördlich des Platzes. Das denkmalgeschützte Gebäude stammt aus dem 13. Jahrhundert, die mit Gewölbedecken und Holzbalken ausgestatteten Zimmer gruppieren sich rund um einen überdachten Arkadenhof.

Das Arcadia, erstes 5-Sterne-Hotel der Stadt

In alten Zeiten stand auf dem Franziskanerplatz der sogenannte Schandkäfig – ein Pranger für Trinker und Unruhestifter. Mit dem Verkauf von Bier Mengen von Geld zu verdienen, war keine Schande, wie die Geschichte des Nachbarhauses belegt. Es gehörte einst einem reichen Bierbrauer, dessen Geschäfte so gut gingen, dass er sich in den Jahren 1768 bis 1770 ein Rokokopalais erbauen ließ, das eines Fürsten würdig wäre. Sein späterer und letzter Besitzer, Graf Emil Mirbach, hinterließ den Palast der Stadt mit der Auflage, daraus eine städtische Galerie zu machen. Im **Palais Mirbach** befindet sich seither eine Dauerausstellung über mitteleuropäische Barockmalerei und Bildhauerei (Františkánske námestie 11, Tel. 02/ 5443 1556, www.gmb.bratislava.sk, Di–So 11–18 Uhr).

Das Palais Mirbach ließ ein reicher Bierbrauer erbauen

Die Route führt nun durch die Biela ulica, die Weiße Gasse. Ab hier war es dem König gestattet, sein Pferd wieder zu besteigen. Für den Namen der Gasse gibt es verschiedene Deutungen. Die eine besagt, ein Kerzenmacher mit dem Namen Schneeweiß habe hier gewohnt. Die andere: Man habe die Häuser mit Kalk getüncht, um die Gasse heller erscheinen zu lassen – ein gängiger Brauch anlässlich der Krönungsfeierlichkeiten.

Typisch für die engen Gassen der Altstadt: die Biela ulica

Das Haus Biela ulica 6 heißt „Zum Schwarzen Raben", benannt nach dem ungarischen König Matthias Corvinus (1458–1490), der den Raben im Wappen führte. Auch hier verweisen Darstellungen von Winzern an der Fassade auf den Bezug zu Wein und Weinbau, der in Pressburg fast allgegenwärtig ist. Im ▶ Innenhof des Hauses Nr. 22 ist eine alte Weinpresse zu sehen. Sie steht seit eh und je hier und zeugt von der Zeit, als auf den „Hausbergen" rund um die Stadt noch Wein angebaut wurde. Eine Anekdote erzählt von Maria Theresia, die bei einem Besuch in Pressburg Zahnschmerzen bekam und diese mit zwei Vierteln Frankovka, Blaufränkischem, erfolgreich kurierte. Seither gebührte dem Wein aus der Nachbarstadt ein Ehrenplatz an der kaiserlichen Tafel in Wien.

Das Restaurant U Filipa

Das ▶ Restaurant U Filipa empfiehlt sich für eine Einkehr. Es wirkt zwar sehr touristisch, ist es aber nicht (Biela ulica 6, Tel. 02/5443 1311, www.ufilipa.sk, tägl. 11–24 Uhr). Die Küche bietet ehrliche, deftige Genüsse, zum Beispiel Wildschweinmedaillons mit Kartoffelkroketten. Die Saucen sind mollig bzw. mehlig, als Dekor fungiert wie in den 1970er-Jahren die obligate, mit Preiselbeeren getoppte Orangenscheibe.

Über die Biela ulica gelangt der königliche Festzug schließlich in die Michalská, eine der Hauptachsen der Stadt. Am Haus Nr. 6 zeigt ein kleines ▶ Relief einen Drachentöter. In der Zeit, als Lesen und Schreiben nur bestimmten Gesellschaftsschichten vorbehalten waren, wurden die Häuser über bildhafte Darstellungen und Symbole gekennzeichnet, die meist einen Bezug zu den Besitzern aufwiesen. Sie hießen Zum Drachentöter, Zum guten Hirten, Zum schwarzen Raben etc. Die vierstelligen Nummern stammen aus maria-theresianischer Zeit: Mit dem Hintergedanken, ihre Steuern leichter eintreiben zu können, ließ Maria Theresia den ersten Kataster des Landes anlegen. Die schwarze Nummer stellt die sogenannte Konskriptionsnummer dar, die römische Zahl in Rot gibt den Bezirk an. Später, als es in der Stadt immer mehr Häuser gab, ging man zur Nummerierung nach Straßenzügen über.

Die Michaelergasse in der Altstadt

Hinter der unauffälligen klassizistischen Fassade von Haus Nr. 8 würde niemand eine Kapelle vermuten. Man muss durch eines der ovalen Fenster neben dem Eingang schauen, um sich davon zu überzeugen. Die gotische ▶ Katharinenkapelle ist zwischen den Wohnhäusern eingezwängt, nur ein auf dem Dach angebrachtes Kreuz gibt sie als Gotteshaus zu erkennen.

Die Fassade von Michalská 7 ziert rechts eine Nixe und links ein Wassermann. Über der Pforte steht die Jahreszahl 1648. Dieses **Haus** gehörte einmal der **Familie Segner,** anerkannten Pressburger Bürgern, die einige Mühlen besaßen. Ihr berühmtester Vertreter, Ján Andrej Segner, kam 1704 hier zur Welt. Er wurde später ein angesehener Arzt, Physiker und Professor der Naturwissenschaften, unter anderem in Jena, Göttingen und Halle. Mit 46 Jahren erfand er das sogenannte Segner'sche Rad, die Grundlage der Turbine.

Fast zur gleichen Zeit saß ein anderer Gelehrter hinter einer dieser sgraffitogeschmückten Fassaden der Altstadt und tüftelte gleich an mehreren technischen Erfindungen gleichzeitig: Wolfgang Kempelen erfand 1770 den Schachspielautomaten, mit dem er damalige Zeitgenossen bis hin zu Kaiserin Maria Theresia verblüff-

Erstrahlt in neuem Glanz: die Apotheke zum Roten Krebs

te. In dem 2005 bei Piper erschienenen gleichnamigen Roman ▶ „Der Schachautomat" von Robert Löhr kommt der skurrile Wissenschaftler zu literarischen Ehren.

Der Innenhof des Segner'schen Hauses ist typisch für das alte Pressburg: Er führt gut sechzig Meter weit nach hinten, diente in der Vergangenheit als Warenlager und verwandelte sich in letzter Zeit in eine glasüberdachte Einkaufspassage.

Gleich links bietet der Stardesigner ▶ Fero Mikloško in seiner Boutique das passende Outfit für feierliche Anlässe an: Abendroben, Cocktailkleider, Seidenhosen und elegante Bolerojacken (Michalská 7, Tel. 02/5441 4147, tägl. 11–18.30 Uhr).

Leicht zu übersehen ist das Haus Nr. 16, das ▶ schmalste Haus von Pressburg, nur 1,6 Meter breit. Vis-à-vis liegt die legendäre **Apotheke zum Roten Krebs** (Michalská 26, Tel. 02/5413 1214, Mo–Fr 10–18, Sa, So 11–18 Uhr), wo eine pharmazeutische Ausstellung mit historischem Mobiliar aus acht anderen Stadtapotheken zu sehen ist. Die kobaltblauen, smaragdgrünen und himmelblauen Behälter, die, mit Blumen und biblischen Gestalten verziert, in den Regalen aneinandergereiht stehen, würden Chronos, dem allmächtigen Gott der Zeit,

Das Michaelertor am Eingang zur Altstadt

den Krieg erklären – meint ▶ Claudio Magris in „Bratislava. Europa erlesen" (Wieser 2001). Sie erinnerten ihn an Zinnsoldaten in den rekonstruierten Aufmarschstellungen berühmter Schlachten.

Der festliche Zug mit dem König an der Spitze verließ die Stadt durch das **Michaelertor.** Mit dem Roland-Brunnen, der Franziskanerkirche und natürlich dem Martinsdom gehört es zu jenen wenigen Bauwerken entlang der Krönungsroute, die seit jener Zeit bis zum heutigen Tag erhalten geblieben sind. Früher gab es mehrere solcher mächtiger Pforten, in jeder Himmelsrichtung eine. Maria Theresia ließ die Stadtmauern und auch drei der Tore schleifen, nur das eine blieb erhalten. Warum gerade dieses, fragt man sich unwillkürlich – weil es das Wappen der Kaiserin trägt, meinen manche Schandmäuler in Bratislava. Das Tor lässt die mittelalterliche Atmosphäre gut erahnen. Es wird nur von Fußgängern frequentiert, zum Widerhall ihrer Schritte und Stimmen mischt sich meist auch der Klang eines Instruments, denn viele Straßenmusikanten bevorzugen diesen Platz wegen der guten Akustik im Schutz der alten Mauern. Den **Turm** zu besteigen lohnt sich. Gleich im ersten Stock führt eine Tür in das verwunschene Reich von Pavel Habáň – ▶ Classic, ein Antiquitätenladen mit unzähligen liebevoll zusammengetragenen Kleinodien: alte Spielzeugloks aus den Anfängen der elektrischen Eisenbahn, Kaffeemühlen, Teller und Tassen mit Zwiebelmuster, Gläser, Bilder, alte Fotografien usw. (Michalská 24, Tel. 0903/205 288, tägl. 10–17 Uhr).

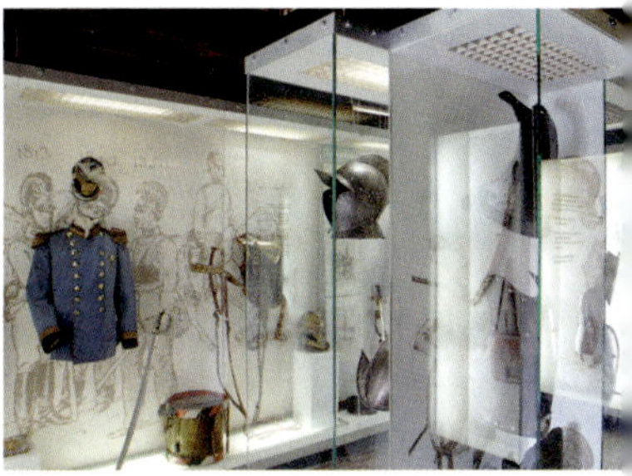
Das Städtische Museum

Die übrigen Stockwerke dienen dem ▶ Städtischen Museum als Expositur. Zu sehen sind Dokumente zur mittelalterlichen Befestigungsanlage sowie eine reiche Sammlung an Pistolen, Gewehren, Dolchen, Schwertern, Rüstungen, Hellebarden und orientalischen Waffen (Michalská 24, Tel. 02/5443 3044, Mai–September Di–Fr 10–17, Sa, So 11–18, Oktober–April Di–So 9.30–16.30 Uhr). Von der Aussichtswarte an der Spitze des Turmes hat man einen tollen Überblick über die Stadt.

Unter dem Torbogen wurde nach der Wende zwischen den Pflastersteinen eine Plakette montiert, die zu 29 Metropolen die Entfernung in Kilometer anzeigt. Der sogenannte Nullpunkt sollte den Pressburgern wohl klarmachen, wie gering die Distanz zum Rest der Welt geworden ist.

Voll symbolischer Bedeutung ist auch der Name der Brücke, die über den einstigen Wassergraben führt. An diese **„Brücke der Liebenden"** knüpft sich eine Sage – die der schönen Bürgermeisterstochter, die einen einfachen Tischlergesellen liebte. Der Vater erhoffte sich für seine Tochter etwas Besseres und veranlasste, dass der Jüngling aus der Stadt vertrieben wurde, was der Liebe natürlich nichts anhaben konnte. Die beiden trafen sich fortan auf der damals außerhalb der Stadtmauern gelegenen Brücke. Einige Zeit lang ging das so, schließlich willigte der Vater in die Hochzeit ein. Ob man diese Geschichte nun kennt oder nicht, diese Ecke der Stadt hat etwas Romantisches – vielleicht, weil Liebespaare sich weiterhin hier verabreden, vielleicht, weil die beiden Heiligenstatuen so melancholisch dreinschauen.

Die „Brücke der Liebenden"

Nachdem er das Michaelertor durchschritten hatte, gelangte der König auf das große Freigelände vor den Stadtmauern. Hier hatte man eine Art Podium errichtet, und vor Hunderten Anwesenden legte er seinen Eid ab. Das Gelände wurde deshalb lange Zeit „Schwurplatz" genannt. Im Anschluss an den heutigen Hurbanovo námestie folgte der Marktplatz (heute Námestie SNP).

In der Klobučnicka, der Hutmachergasse, die direkt ins Zentrum zurückführt, kam 1778 der Tondichter Johann Nepomuk Hummel († 1837) im Haus Nr. 2 zur Welt. Der Schüler Mozarts, Schutzbefohlene Haydns, Zeitgenosse Beethovens und Vorgänger Liszts ist in Pressburg insgesamt nur dreimal aufgetreten. Er wurde später Kapellmeister am fürstlichen Hof in Weimar. Sein Geburtshaus steht nicht mehr, wohl aber ein hübsches Gartenhäuschen im Hinterhof, wo man Erinnerungsstücke an Hummel sehen und seine Musik hören kann (**J.-N.-Hummel-Museum,** Tel. 02/5443 3888, Mo–Fr 10–18, Sa 10–14 Uhr). An derselben Adresse befindet sich das sehr gut sortierte, auf Klassik und Jazz spezialisierte ▶ CD-Geschäft Hummel Music/Divyd (Tel. 02/5443 3888, www.divyd.sk).

Durch die heitere Barockmusik inspiriert, kann man sich, ein Haus weiter, in der ▶ Vinotéka Sv. Urbana (Klobučnicka 2, Tel. 02/5443 2537, So–Fr 10–18, Sa 10–2 Uhr) den slowakischen Weinen zuwenden. Vierzig Jahre Staatswirtschaft mit Einheitsprodukten, die in riesigen Mengen produziert wurden, haben den guten Ruf der hiesigen Winzer zwar verblassen lassen, doch knüpfen einige Weingüter in den Kleinen Karpaten und im Tokajgebiet an die große Tradition vergangener Zeit wieder an.

Nach der letzten Station, dem Schwurplatz, ritt der König Richtung Donauufer (über die heutigen Námestie SNP, Kamenné námestie und Jesenského). Der Fluss war damals noch nicht reguliert. Es gab Nebenarme und Sümpfe. Weil zu dieser Jahreszeit die besten Wetterbedingungen herrschten, fanden die Krönungen meist im Juni oder September statt. Bei Schlechtwetter mussten sie überhaupt abgesagt werden.

In einer parallel zum Donauufer verlaufenden stillen Gasse liegt das ▶ Marrol's – ein denkmalgeschütztes 4-Sterne-Hotel im Retrostil, das von dem slowakischen Wirtschaftsmagazin *Trend* mehrmals hintereinander zum besten des Landes gekürt wurde (Tobrucka 4, Tel. 02/ 5778 4600, www.hotelmarrols.sk).

Das Nationaltheater

Vor der südlichen Stadtbefestigung, etwa an der Stelle, wo sich heute der Námestie L'udovíta Štura befindet, machte der Zug Halt. Dort hatte man einen niedrigen, mit einem Holzdamm befestigten Erdhügel aufgeschüttet. Der König gab seinem Pferd die Sporen und ritt den Hügel hinauf. Er zog das Schwert aus der Scheide und schwang es zuerst Richtung Donau, dann in alle anderen Himmelsrichtungen. Damit deutete er an, dass er bereit sei, das Land gegen Feinde aus allen Richtungen zu verteidigen. Dieser Krönungshügel, der einst vor jeder Krönung mit Erde aus allen Teilen der Monarchie aufgeschüttet wurde, war während der letzten beiden Feste (Leopold II. 1790 und Ferdinand V. 1830) kein bloßes Häufchen Erde mehr, sondern eine achtecki-

Halb Boulevard, halb Prunkstraße: der Hviezdoslavovo námestie

ge barocke Terrasse mit Steingeländer, geschmückt mit dem ungarischen Wappen und dem Symbol der Königskrone.

Wir gehen nun die Mostová hinauf bis zum Hviezdoslavovo námestie, zum Nationaltheater. Eines der drei mittelalterlichen Stadttore, die Kaiserin Maria Theresia abreißen ließ, war das **Fischertor.** Bei ihrer eigenen Krönung stand davor eine Bühne, auf der eine Opera buffa von Giovanni Battista Pergolesi aufgeführt wurde. Fragmente des Tores sind heute unter einer Verglasung vor dem **Nationaltheater** (Gorkého 4) zu sehen. Die originelle Präsentation wurde mit einem Preis der Europäischen Union ausgezeichnet.

Mit dem Ritual auf dem Krönungshügel ging der offizielle Teil der Feierlichkeiten zu Ende. Zur Erinnerung an das Fest erhielten die Ehrengäste Medaillen und Gedenkmünzen, das Volk durfte von den Leinwandtüchern und Stoffen nehmen, mit denen die Straßen geschmückt waren. Es wurde Wein ausgeschenkt und das Fleisch sieben gebratener Ochsen verteilt.

Wer alles an den Feierlichkeiten teilgenommen hat, wie die hohen Herrschaften gekleidet waren, wer den Landesherrn und seine Gäste bei Tisch bediente, wie die Stadt geschmückt war, welche Festveranstaltungen es gab, wie viel Liter Wein ausgeschenkt und wie viele Ochsen genau gebraten wurden, das alles ist durch schriftliche Aufzeichnungen gut dokumentiert. Von den Krönungszeremonien – vor allem jener Maria Theresias – sind auch Fresken und Ölgemälde erhalten.

Im Anschluss an diese imperialen Reminiszenzen ist man sicher hungrig. In der ► Konditorei Mayer (Hlavné námestie 4, Tel. 02/5441 1741, tägl. 9.30–20 Uhr) – vormals k. u. k. Hoflieferant – kann man sich, von Kaiserin Sisis strengem Auge beobachtet, Marzipankartoffel, Esterházytorte, Cremeschnitte oder Kastanienreis mit Schlag schmecken lassen.

ROUTE 3

Das verschwundene Bratislava

Ausgangspunkt: Nový most

Endpunkt: Rudnayovo námestie oder rechtes Donauufer

Dauer: je nach Tempo und Aufenthaltsdauer: ca. 3 Stunden (Abschweifungen nicht eingerechnet)

Die Route: Nový most – Rybné námestie – Rudnayovo námestie (Gedenkstein Synagoge ❶, Holocaustdenkmal ❷) – Panská (Tafel am Bibiana-Kindermuseum ❸) – Unterführung – Židovská (Museum der jüdischen Kultur ❹) – Abstecher: Beblavého – Židovská (Uhrenmuseum im Haus zum guten Hirten ❺) – Mikulášska – Zámocká (Gedenkstein Raoul Wallenberg ❻) – Námestie A. Dubčeka – Mudroňova – Strmá cesta – Žižkova – Nábrežie arm. gen. L. Svobodu (Chatam-Sofer-Mausoleum ❼) – Žižkova (jüdischer Friedhof ❽, Friedhof St. Nikolai ❾, Museum der Kultur der Ungarn in der Slowakei ❿, Museum der Kultur der Karpatendeutschen ⓫, Archäologisches Museum ⓬) – Uferpromenade bis Nový most – Rudnayovo námestie – über die Brücke Nový most ans andere Donauufer

Unbedingt sehen:

1 Museum der jüdischen Kultur **2** Blick von der Beblavého ulica zum anderen Donauufer **3** Haus zum guten Hirten **4** Chatam-Sofer-Mausoleum **5** Spaziergang über die Brücke Nový Most

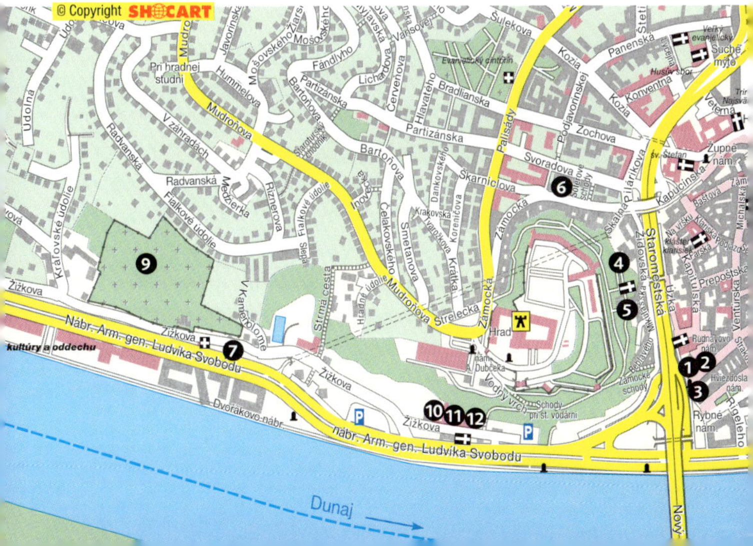

Hält internationalen Qualitätskriterien stand: die Neue Brücke, Nový most, aus dem Jahre 1972

Diese Tour führt in die Vergangenheit des Vielvölkerstaates zurück, in Regionen, die sich auf der inneren Landkarte – dem kollektiven Bewusstsein – der Slowaken, Ungarn und Österreicher deutlich abzeichnen, im Hier und Jetzt aber längst nicht mehr sichtbar sind. Es geht um Verschwundenes, Vergangenes, Zerstörtes.

Deshalb kann es durchaus von Vorteil sein, diesen Rundgang mit einem Kaffee oder Drink in der Bar des ▶ Ufo (Nový most, Tel. 02/6252 0300, www.u-f-o.sk, tägl. 10–23 Uhr) zu beginnen. Man sieht die Strecke erst einmal aus der Vogelperspektive, aus einer Entfernung, die einen versöhnlich, ja vielleicht sogar heiter stimmt. Die runde, raumschiffartige Plattform mit dem 2005 neu eröffneten Restaurant befindet sich hoch oben auf den Stützpfeilern der Hängebrücke Nový most. In technischer Hinsicht ist die Konstruktion bemerkenswert, doch dem Bau der sie verlängernden Schnellstraße fielen Hunderte historische Objekte zum Opfer. Ein Besuch des Ufo lässt einen im wahrsten Sinne des Wortes über den Dingen stehen. Besitzer des Lokals ist derselbe Mann, dem auch andere glamouröse Citytreffs wie das Paparazzi, das Peoples und das Mama a Papa (▶ Route 5) gehören.

Das Ufo, Szenelokal hoch oben über dem Donaufluss

Als Küchenchef amtiert ein junger Amerikaner, ambitioniert und voll guter Ideen. Man sitzt auf transparenten Plexiglasmöbeln ungefähr achtzig Meter über der Donau. Unten fließt der Fluss träge dahin. Aus dieser Perspektive wirkt die graue Fahrbahn der Brücke wie ein Stück Teppich, über den eine unsichtbare Kinderhand Matchboxautos bewegt. Am äußeren Bildrand die kantige Burg und ihr gegenüber die Silhouette des Martinsdoms. Auf der Turmspitze leuchtet nicht wie bei anderen Kirchen ein Kreuz, sondern die vergoldete Krone der ungarischen Könige. Hin und wieder wackeln die Blumen in den Vasen. Dieses Schwanken – das Ufo bewegt sich manchmal ganze zwei Meter in eine Richtung – hängt mit der Intensität des Verkehrs auf der Brücke zusammen.

Die Neue Brücke

In rasanter Geschwindigkeit bringt einen der Aufzug zurück auf die Erde. Dann kann man sich beim Überqueren der Brücke noch die Poster mit den Ankündigungen der Clubbings einprägen und, am gegenüberliegenden Ufer angelangt, noch einmal die kühne Stahlseilkonstruktion auf sich wirken lassen. Über den Fischerplatz (Rybné námestie) mit der ► Pestsäule als einzigem Relikt aus vergangener Zeit gelangt man zum ► Martinsdom. Am Rande der historischen Altstadt, vom Burghügel abgeschnitten, steht das gotische Gotteshaus (mehr dazu ► Seite 38ff.) heute direkt an der Schnellstraße Staromestská, die als Verlängerung der Neuen Brücke, der Nový most, in den Siebzigerjahren des vorigen Jahrhunderts angelegt wurde.

Die Pestsäule auf dem Rybné námestie

Seit hier ununterbrochen der Verkehr durchbraust, erlebt die historische Innenstadt in topografischer Hinsicht das Schicksal einer geteilten Stadt. Ein Vorhang aus Lärm und Abgasen senkt sich zwischen die beiden Stadtteile. Die Stadtautobahn kann von den Fußgängern nur an zwei relativ weit voneinander entfernten Punkten überquert werden.

Eine Steintafel zeigt die zerstörte Synagoge

Historische Zusammenhänge spielten für die Stadtplaner der 1970er-Jahre offenbar keine Rolle, man dachte pragmatisch, wollte die neuen Wohngebiete im Süden über eine Direttissima mit der City, dem administrativen Zentrum der Stadt, verbinden. Fachleute und Politiker vertraten die Auffassung, dass nur jener historische Teil der Altstadt, der bis zur zweiten Hälfte des 18. Jahrhunderts von Stadtmauern umgeben war, unter Denkmalschutz zu stellen sei. Sämtliche Konservierungsmaßnahmen konzentrierten sich auf jene Bereiche, die heute Fußgängerzone sind, das Gebiet unterhalb der Burg wurde nicht miteinbezogen. Diesem Tabula-rasa-Denken sind die alte Judengasse, die Synagoge und andere historische Gebäude (insgesamt 228 Objekte) zum Opfer gefallen. Heute versucht man, die Erinnerung wachzuhalten, durch Gedenktafeln und Mahnmale Verschwundenes wieder im Bewusstsein der Leute zu verankern.

Wenn wir am Rudnayovo námestie stehen und links von uns, sozusagen eine Etage höher, auf der Staromestská die Autos dahinrasen, sehen wir einige Beispiele dafür, wie die **Wand aus schwarzem Marmor,** die mit einer weißen Gravur die Konturen der zerstörten **Synagoge** zeigt. Sie lehnt als steinerne

Holocaustdenkmal von Peter Zalman und Milan Lukáč

Kulisse an den Traversen der Schnellstraße und scheint mit ihr irgendwie verbunden, eine Schicksalsgemeinschaft eingegangen zu sein.

Ein anderes Beispiel ist das **Holocaustdenkmal.** Ein paar Schritte vor der Steinwand, an der Stelle, wo sich von 1894 bis 1972 die Synagoge befand, schufen der Architekt Peter Zalman und der Bildhauer Milan Lukáč Ende der 1990er-Jahre ein Mahnmal. Es stellt Gerüstteile dar, die mit einem zerbrochenen Davidstern verschmolzen sind, und trägt die hebräische Inschrift „Zachor" – „Erinnere dich".

Wir wenden uns der gegenüberliegenden Seite zu. An der Fassade des Hauses Panská 41 verweist eine **Tafel** auf ein weiteres Unrecht in der Geschichte des Landes: die zwangsweise Umsiedlung slowakischer Kinder nach Ungarn in der zweiten Hälfte des 19. Jahrhunderts (mehr dazu ▶ Seite 77). Diese an der Hauswand des ▶ Bibiana-Kindermuseums (Tel. 02/5443 1308, www.bibiana.sk, Di–So 10–18 Uhr) 1998 angebrachte Botschaft richtet sich natürlich an die Erwachsenen – sie ist ein Appell gegen Unterdrückung, Gewalt und Diskriminierung. Die jugendlichen Museumsbesucher nehmen davon kaum Notiz, sie stürmen unbeschwert ins Innere des Gebäudes und freuen sich auf das, was sie erwartet: ein Ort, wo Kunst für Kinder gezeigt wird und Kinderkunst stattfinden kann. Lange vor der Eröffnung ähnlicher Institutionen im westlichen Ausland wurden junge Menschen hier spielerisch mit Kunstproduktion in Berührung gebracht. Besonders sympathisch ist die Bibliothek: Da sitzen Eltern mit ihren Kindern auf dem Schoß rund um einen langen Holztisch und blättern, schmökern und schmunzeln gemeinsam.

Bibiana-Kindermuseum

Über die Fußgängerunterführung erreicht man die andere Seite der Schnellstraße, wo der Rundgang durch die Judengasse, die Židovská, fortgesetzt wird. Die Spuren der jüdischen Familien, die hier einmal lebten, sind weitgehend ausgelöscht. Neu gebaute Häuser im historisierenden Stil reihen sich adrett aneinander. Sie wirken fremd, ein bisschen wie ein Computer-Architekturmodell. Als Kontrast die alte Stadtmauer aus maria-theresianischer Zeit, die auf der gegenüberliegenden Straßenseite verläuft. Sie stellt auch heute noch ein echtes Bollwerk dar, schirmt die Altstadt vom Lärm der Straße ab.

Die rekonstruierte Judengasse (Židovská ul.)

Mitte des 18. Jahrhunderts galt Pressburg als europäisches Zentrum jüdischer Gelehrsamkeit und orthodoxer Kultur. Die Judengasse entwickelte sich zu einem Handels- und Finanzzentrum, blieb aber bis zur Eingemeindung 1850 ein Ghetto, dessen Tore in der Nacht geschlossen und bewacht wurden. In dem dicht besiedelten Judenviertel standen Wohnhäuser, zwei Synagogen, die berühmte Jeschiwa (Talmudschule) und eine Mädchenschule. Vor dem zweiten Weltkrieg lebten 15.000 Juden in Bratislava, das entsprach rund zehn Prozent der damaligen Bevölkerung.

Eine Ahnung von diesem kulturellen Reichtum erhält man, wenn man das Haus Židovská 17 betritt. Über dem Portal prangt das Wappen des Barons Jeszenak, der 1761 den Besitz erwarb. Heute befinden sich an dieser Adresse die Capella Istropolitana, das Kammerorchester der Stadt Bratislava, und das **Museum der jüdischen Kultur** (Muzeum židovskej kultúry, Tel. 02/5441 8507, www.chatamsofer.com/jewish-museum-bratislava, So–Fr 11–17 Uhr). Auf zweisprachigen Tafeln (slowakisch und englisch) ist die Geschichte der Juden in der Slowakei dokumentiert. Sie unterscheidet sich kaum von der dieser Glaubens- und Schicksalsgemeinschaft in anderen zentraleuropäischen Ländern. Das 1781 von Joseph II. erlassene Toleranzpatent ermöglichte eine Lockerung der alten Bestimmungen. Seither war es Juden gestattet, ein Handwerk auszuüben und Handel zu treiben. Sie konnten nun ganz normalen Berufen – allerdings mit eher bescheidenen Einkünften – nachgehen. Ihr Beitrag zur kulturellen und geistigen Entwicklung war auch in Bratislava überproportional und wirkte weit über die Landesgrenzen hinaus. Wurzeln in der heutigen Slowakei hatten und haben der Dichter Heinrich Heine, der Kinderpsychologe Bruno Bettelheim, der Schauspieler und Regisseur Max Reinhardt sowie einige andere Berühmtheiten.

Eingang zum Museum jüdischer Kultur

Die niedrigen kleinen Räume, die sorgfältig präsentierten Exponate, die religiösen Gesänge als akustische Untermalung – all das erzeugt eine sehr dichte Atmosphäre und macht das Museum sehenswert.

Ein Foto zeigt die zerstörte Synagoge, wie sie in unmittelbarer Nachbarschaft des Martinsdoms stand – Symbol für das friedliche Nebeneinander der beiden Glaubensgemeinschaften. Viele Juden hatten sich in Bratislava niedergelassen, weil es im 19. Jahrhundert in Ungarn mehr bürgerliche Rechte gab als in Wien.

Zeugnisse der Geschichte der jüdischen Gemeinde

In einem der Räume wurde eine Steinwand aufgestellt. Sie trägt die Namen der Rabbiner, die in den KZs umgekommen sind. Ein Saal widmet sich dem Thema Schriftgut und Schriftgelehrte. Die historische Büchersammlung beinhaltet auch die Werke des berühmten Pressburger Rabbiners Chatam Sofer. Er hieß mit bürgerlichem Namen Mosche Schreiber und kam 1762 in Frankfurt am Main zur Welt. Im Jahre 1806 berief ihn die Pressburger Judengemeinde als anerkannten Lehrer des Talmud und der Kabbala an die hiesige Jeschiwa. Sein Wissen und seine Erkenntnisse hielt er in achtzig Folianten fest, die erst nach seinem Tod 1839 veröffentlicht wurden. Chatam Sofer bildete Hunderte von Rabbinern aus und wurde von vielen jüdischen Persönlichkeiten aus ganz Europa zu Rate gezogen (▶ Seite 71f.).

Die Beblavého ulica: Die Stimmung erinnert an Kafkas „Schloss"

Wir verlassen das Museum. Von der Židovská führt steil ansteigend die Beblavého hinauf zur Burg. Vereinzelt finden sich hier noch Originalbauten aus der Renaissancezeit. Die Häuser stehen so eng beieinander, dass Autos in dieser Gasse nicht fahren können. Die Stille und das Geräusch der eigenen Schritte erzeugen das Gefühl, man bewege sich in einem Film – Kafkas „Schloss" zum Beispiel. Verstärkt wird dieser Eindruck, wenn man, oben angekommen, vor dem gotischen ▶ Sigmundstor steht, einer Art Seiteneingang in das Burgareal, durch den die Bediensteten einst ihren Arbeitsplatz betraten. Der Blick auf die Donau und die Donaubrücke mit den sich dahinter abzeichnenden Plattenbauten der Satellitenstadt Petržalka erzeugt einen – fast willkommenen – Bruch und bringt

Über das Sigmundstor gelangten die Bediensteten in die Burg

einen recht schnell zurück ins 21. Jahrhundert. Dass an dieser Adresse nebeneinander ein ▶ Restaurant (Modrá hviezda/ Blauer Stern, Beblavého 14, Tel. 02/5443 2747, www.modra hviezda.sk, tägl. 11.30–23 Uhr) und eine ▶ Pension (Castle Club, Zámocké Schody 4, Tel. 02/5464 1472, www.stayslovakia.sk) eröffnet haben, verwundert nicht. Ruhelage und Donaublick – vor diesem „Background" Quartier zu beziehen, ist sicherlich keine schlechte Idee. Nach dem Rückweg durch die Beblavého ergibt sich wieder Gelegenheit, in die Vergangenheit „abzutauchen".

Im Restaurant Modrá hviezda

In der Mikulásška, zu Deutsch Nikolausgasse, steht gleich an der Ecke das **Haus zum guten Hirten** (Dom u dobrého pastiera), eines der schönsten Gebäude der Stadt, aus der zweiten Hälfte des 18. Jahrhunderts, 1975 renoviert. Der vierstöckige Bau mit trapezförmigem Grundriss ist so schmal, dass neben der Treppe in jedem Stockwerk nur Platz für ein einziges bewohnbares Zimmer bleibt. Heute ist das **Uhrenmuseum** darin untergebracht (Múzeum hodín, Židovská 1, Tel. 02/ 5441 1940, Mo–Fr 10–17, Sa, So 10–18, Oktober–April Di–So 9.30–16.30 Uhr). Ausgestellt sind an die sechzig historische Uhren, die vorwiegend aus den Werkstätten der Bratislavaer Meister stammen und zwar aus

Das Uhrenmuseum im berühmtesten Haus der Stadt

Jahrhundertealte Treppen führen zur Nikolai-Kirche

jener Zeit, als Pressburg in Ungarn zu den anerkannten Zentren des Uhrenhandwerks zählte.

Ein paar Schritte weiter führen links Stiegen hinauf zu einem kleinen barocken ► Kirchlein. Es ist dem heiligen Nikolaus, dem Schutzpatron der Fischer und Schiffer, geweiht und einer der wenigen Originalbauten in dem Viertel am linken Donauufer (siehe auch ► Seite 36).

Nach diesem kurzen Abstecher wird der Spaziergang durch die Zámocká fortgesetzt. Die Hanglage mit Blick auf die Altstadt ist attraktiv, hier wurde – das sieht man – kräftig investiert. Immobilienbüros, Notariate und Anwaltskanzleien haben sich in den frisch renovierten Häusern niedergelassen. Auf Nr. 13 eröffnete gleich nach der Wende das ► Restaurant mit Pension Chez David (Tel. 02/5441 3824, www.chezdavid.sk, tägl. 11.30–22 Uhr), das einzige in Pressburg, das Spezialitäten aus der jüdischen Küche serviert. Verglichen mit dem Rest der Bratislavaer Restaurants stellt der

Essen wie in Jerusalem im Chez David

Saal so etwas wie einen Rückzugsort, einen Ruhepol dar. Gespräche werden mit gedämpfter Stimme geführt, Batiktücher mit Motiven aus der jüdischen Alltagskultur schirmen die Tische optisch voneinander ab. Die Karte ist sehr umfangreich und bietet neben vielen Fischvariationen orientalisch inspirierte gefüllte Teigtaschen, Pasteten und geschmorte Fleischgerichte.

Etwas weiter stadtauswärts steht auf der rechten Gehsteigseite der Zámocká eine schlichte **Tafel** aus grauem Stein mit nichts weiter als der Angabe eines Namens: **Raoul Wallenberg.** Der schwedische Diplomat hatte von Juli 1944 bis Januar 1945 unter Einsatz seines Lebens mehr als hunderttausend in Budapest lebende – auch slowakische – Juden gerettet. Einige von ihnen kehrten später nach Bratislava zurück. Kurz vor Kriegsende verschwand Wallenberg auf mysteriöse Weise: Nicht Nazis, sondern sowjetische Soldaten hatten ihn gefangen genommen und verschleppt. Er starb – so wird vermutet – 1947 in einem Moskauer Gefängnis.

Gedenkstein Raoul Wallenberg

Da die Zámocká eine regelrechte Schleife um den Hügel herum macht, bietet sie sich geradezu an, um auf lockere Art den Burgberg zu „erklimmen" – ohne Stiegen steigen zu müssen oder sich der stark befahrenen Palisády auszusetzen. Der geschwungene Verlauf, die wenigen Autos und die Ausblicke über die Dächer ziehen Stadtflaneure genauso an wie Leute, die einfach ihren Hund spazieren führen. Auf dem Platz vor der Burg, dem Námestie A. Dubčeka, wendet man sich nach rechts, geht am Parlamentsgebäude (mehr dazu ▶ Seite 31f.) vorbei und folgt der Mudroňova, einer breiten Hauptverkehrsstraße, die sich in nord-südlicher Richtung durch das begrünte Villenviertel schlängelt.

Die Grundstücke hier heroben sind nicht vollständig verbaut, man kann da und dort einen Blick über den Zaun in die Gärten erhaschen und erlebt mitunter Überraschungen. Auf einer der Rasenflächen sorgt eine bunt bemalte Kunststoffkuh – moderne Skulptur? Werbegag? Kinderspielzeug? – für Aufsehen. Hier biegt links die Strmá cesta ab, eigentlich mehr ein Weg als eine Straße. Sie setzt sich als Treppe fort und verbindet auf radikale Weise den Burghügel mit dem Donauufer. Es liegt sogar ein Mietshaus an dieser versteckten Adresse, und man ahnt, dass das Schleppen der Einkaufstaschen in den Familien für Disput sorgt. Der Abschneider – und um einen solchen handelt es sich da – hat durchaus Charme, er geht quer durchs Grün der Hinterhöfe und Schrebergärten, und dabei blitzt zwischen den Blättern immer wieder auch das Blau der Donau auf.

Die Gärten des Villenviertels bieten auch Überraschungen

Strmá cesta: idyllischer Abschneider durch die Schrebergärten

Am Ende der Treppe, die von unten betrachtet wie ein alpiner Klettersteig aussieht, quert der Weg die Žižkova. Ein paar Stiegen führen zwischen zwei Wohntürmen hinunter zur Uferstraße Nábrežie arm. gen. L. Svobodu. Hier biegt der Weg nach rechts ab, wo man nach etwa hundert Metern einen in den Fels hineingehauenen Tunnel sieht. Er wurde 1942 errichtet und stellte die Straßenbahnverbindung zwischen Innenstadt und Donauufer her. Um die Bauarbeiten durchführen zu können, musste der seit Ende des 17. Jahrhunderts bestehende jüdische Friedhof „liquidiert" werden, wie es in einer Informationsbroschüre heißt. Die Toten wurden exhumiert und in einem Gemeinschaftsgrab verscharrt. Jener Teil des Friedhofs, wo sich das Grab des Chatam Sofer und zwanzig weiterer Rabbiner befand, blieb verschont und wurde durch eine Betondecke abgedeckt. Über den Grabkammern brauste jahrzehntelang der Verkehr, kaum jemand wusste von ihrer Existenz.

Wohntürme an der Uferpromenade

Auf Initiative jüdischer US-Bürger und mit Unterstützung der Stadt wurde hier nach der Wende 2002 eine Gedenkstätte nach einem Entwurf des Architekten Martin Kvasnica errichtet **(Mauzoleum Chatam Sofer,** Nábrežie arm. gen. L. Svobodu, Tel. 02/5441 6949, 0903/821 432 (Herr Feldmar), 0903/221 842 (Herr Kohlmann), E-Mail: znoba@znoba.sk, www.slovak-jewish-heritage.org; auf der Website wird ausdrücklich darauf hingewiesen, dass die Grabstätte kein Museum ist und man seinen Besuch bei der jüdischen Religionsgemeinschaft anmelden muss). Die Gedenkstätte stellt eine Wand aus rauem schwarzem Stein dar und liegt hinter einer Umzäunung aus dunklen Gitterstäben, die wie die Finger einer Hand das Areal abschirmen. Wäre dieser Zaun nicht da, würde das Monument in dieser befremdlich wirkenden Umgebung – vor einem Tunnel, neben einer Betonmauer, am Rande einer Schnellstraße – vielleicht gar nicht auffallen. Ein Schild weist darauf hin, dass man den Ort nur in passender Kleidung betreten soll. Bis zum eigentlichen Eingang führt ein 15 Zentimeter über dem Erdboden verlaufender Steg, der so-

Das Chatam-Sofer-Mausoleum

genannte Pfad der Kohen. Er soll die Kohanim, die Nachfolger des Priesterstammes aus dem alten Israel, davor schützen, mit den anderem Toten in Berührung zu kommen, da dieser sie ihrer geistigen, für die Gebetsrituale benötigten Fähigkeiten berauben würde.

Durch eine schwere Metalltüre, die der Bildhauer Fero Guldan gestaltet hat, betritt man die eigentliche Gedenkstätte und steht vor einer Glaswand – dem zentralen Blickfang in diesem kargen, nüchternen Vorraum. Durch die Fensterfront sieht man auf die darunterliegende Grabkammer des Chatam Sofer und rund zwanzig anderer Rabbiner. Kontraste von Licht und Dunkel bringen die Steine und Inschriften effektvoll zur Geltung. Sie wirken wie Mahnmale. Von manchen allerdings sind nur noch – schön restaurierte – Überreste geblieben. An der Decke befestigte Vierecke aus Glas symbolisieren die zerstörten Gräber. Chatam Sofers Mausoleum in Bratislava gilt für viele gläubige Juden als zweitwichtigstes Heiligtum nach der Klagemauer in Jerusalem. Pilger reisen aus der ganzen Welt hierher, vor allem im September und Oktober rund um den Todestag des Rabbi. Nach jüdischem Brauch legen sie ein viermal gefaltetes, durch einen Stein beschwertes Zettelchen mit einer schriftlichen Bitte auf den Grabstein.

Der jüdische Friedhof ...

Wer mag, kann nun jenen **jüdischen Friedhof** aufsuchen, der all die Jahre unbeschadet überstanden hat. Der Weg dorthin führt die Uferstraße entlang stadtauswärts, an der Neuapostolischen Kirche (Novoapoštolska církev) vorbei, bis zu einem Wirtschaftsgebäude mit Flachdach, das über und über mit Graffiti besprüht ist. Gleich rechts davon verbindet eine in Serpentinen angelegte Steintreppe die Uferstraße mit der Žižkova. Oben angelangt, steht man vor einem rostigen Gittertor. Rechts vom Eingang hängt eine Tafel – das Firmenschild des Steinmetz mit den Angaben der Bürozeiten. Keinerlei Hinweis auf den Architekten Bedřich Weinwurm (▶ Seite 20f., 29f.). Er gehörte zu

... gleicht einem verwunschenen Garten

den dominierenden Persönlichkeiten der 1920er- und 1930er-Jahre und entwarf mit seinem Partner Ignác Vécsei zahlreiche Bauten, die sich an der von Adolf Loos geprägten Neuen Sachlichkeit orientierten, unter anderen auch die Zeremonienhalle auf diesem jüdischen Friedhof. Keiner der beiden Architekten überlebte den Holocaust. Weinwurm wurde 1941 von der Gestapo verhaftet und beim Grenzübertritt nach Ungarn erschossen. Vécsei kam 1944 in Auschwitz ums Leben.

Hat man das Eingangstor passiert, hält man sich links, geht circa hundert Meter eine Auffahrt hinauf und befindet sich auf dem Gelände des Židovsky cintorín, des jüdischen Friedhofs. Das Besondere an diesem versteckten Ort: Er liegt auf einer Terrasse über der Donau – und das stete Dahinfließen des Wassers zu sehen, verdeutlicht den Fluss der Zeit. Die Gräber im unteren Teil wirken gepflegt, doch je weiter man den Hügel hinaufsteigt, desto älter scheinen die Steine. Manche sind total verwachsen, kaum mehr als Grabstätte erkennbar. Andere drohen vom Erdreich verschüttet zu werden, ragen nur mehr zur Hälfte aus dem Boden. Andere wiederum stehen ganz schief da oder sind überhaupt umgefallen. Auf einer der Steinplatten liegt ein aus gefärbten Steinen geformtes Herz.

Nach Verlassen des Friedhofs biegt man am besten wieder links in die Žižkova ein. Die Straße ist kaum befahren und hat zudem den Vorteil, höher gelegen zu sein als die Uferpromenade. Gleich ein paar Hundert Meter weiter sieht man den spitzen Turm einer Kapelle hinter steinernen Mauern. Es ist der **Nikolai-Friedhof** (Cintorín sv. Mikuláša), der sich in unmittelbarer Nachbarschaft zum jüdischen Friedhof an den Burghügel schmiegt. Er liegt ebenfalls auf Terrassen über der Donau und bietet einen dermaßen schönen Ausblick, dass jemand sich mit einem Brett über zwei Baumstämmen einen improvisierten Aussichtspunkt geschaffen hat. Ein Rundgang durch den verwunschenen Garten erzeugt das eigenartige Gefühl, die Donaumonarchie wäre noch existent, die k. u. k. Dragoner, Rittmeister und Hofräte außer Dienst lebten hier weiter. Die uralten windschiefen Bäume, die moosbewachsenen Steine, die verwahrloste Kapelle, die heute als Geräteschuppen dient, bestätigen den Eindruck: Hier ist die Zeit stehen geblieben.

Auf dem Nikolai-Friedhof lebt die Donaumonarchie weiter

Der Weg zurück in die Stadt führt weiter durch die Žižkova. In den Sechzigerjahren des 20. Jahrhunderts wurde die Gegend saniert. In dieser Zeit oder danach entstanden wohl auch die drei Wohntürme. Sonst ist die Straße heute über weite Teile unverbaut. Ziemlich genau unterhalb der Burg beginnt dann wieder ein verbauter Abschnitt, bestehend aus fünf Häusern – nicht mehr –, die gemeinsam mit einem Kirchlein noch so etwas wie Dorfcharakter aufweisen. Früher nannte man diesen Ortsteil „Zuckermandel". Im 18. Jahrhundert stellte er eine eigene Siedlung dar mit Ortsvertretung, Garde, Kirche, Schule, einigen Bierbrauereien und

Fabriken. Mitte des 19. Jahrhunderts verband ein von Ziegen ausgetretener Weg den Schlossberg mit dieser eher berüchtigten Gegend. Berüchtigt deshalb, weil hier Zigeuner und Frauen von „schlechtem Ruf" anzutreffen waren.

Einer, der von Wien nach Pressburg übersiedelte, um sich genau hier niederzulassen, war der berühmte Barockbildhauer Franz Xaver Messerschmidt (1736–1783). Er konnte von den Porträtaufträgen der Pressburger Aristokratie und Bürgerschaft recht gut leben und sich in dieser letzten Phase seines Lebens sogar ein eigenes Haus kaufen. Hinterlassen hat er eine Reihe rätselhafter Porträtplastiken, die mit seiner psychischen Erkrankung in Verbindung gebracht werden. Kopien dieser sogenannten Charakterköpfe sind in der Slowakischen Nationalgalerie (▶ Seite 99f.) ausgestellt.

Einst berüchtigt: der Ortsteil „Zuckermandel"

Im ersten Gebäude links, Žižkova 18, dokumentiert heute ein schmuckes **Museum die Kultur der Ungarn in der Slowakei** (Múzeum kultúry Maďarov na Slovensku, Tel. 02/5920 7257, tägl. außer Di 10–17 Uhr). Der Bau mit den zwei mächtigen halbrunden Türmen an den Ecken stammt aus der Renaissance. Zu sehen sind Dokumente, Zeitungsausschnitte, aber auch Gebrauchsgegenstände wie Körbe, Krüge, Möbel sowie eine Weinpresse.

Das nächste, ebenfalls sorgfältig restaurierte Haus, Žižkova 14, war früher einmal ein Wirtshaus, heute ist darin das **Museum der Kultur der Karpatendeutschen** (Múzeum kultúry karpatských Nemcov, Tel. 02/5441 5570, tägl. außer Di 10–16.30 Uhr) untergebracht. Zu den Exponaten zählen zahlreiche Schriftstücke, die die 900-jährige Geschichte der Deutschen in den verschiedenen Regionen der Slowakei – Pressburg und Umgebung, Hauerland und Zips – illustrieren.

Fischrestaurant Caribic's

Dann folgt rechts die kleine barocke ▶ Dreifaltigkeitskirche (1734–1738). An der Fassade ist der heilige Nikolaus, der Beschützer der Schiffer und Fischer, dargestellt. Dass die Pest 1713 just in dieser Gasse Halt machte und sich angeblich nicht weiter ausbreitete, daran erinnern die Steinbildnisse des heiligen Rochus und des heiligen Sebastian.

Das Haus Žižkova 12 ließ sich 1601 ein gewisser Franz Kamper erbauen. Es war wie eine kleine Festung gestaltet, mit Schießscharten, einem Graben und einer Fallbrücke. Heute beherbergt es das **Archäologische Museum** (Archeologické múzeum, Tel. 02/5920 7231, tägl. 9–17 Uhr).

Das reich mit Stuckaturen verzierte historische Gebäude auf Nr. 1 stammt aus dem Jahre 1764 und war das ▶ Haus der Fischer- und Schifferzunft. Hier befindet sich das renommierte, auf Seafood spezialisierte ▶ Restaurant Caribic's (Tel. 02/5441 8334, www.caribics.sk, tägl. 11–24 Uhr).

Am Ende der Gasse angelangt, fragt man sich, ob es mit Absicht geschah, dass die beiden Museen – das zur Kultur der Karpatendeutschen und das über die Ungarn – so eng beieinander liegen. Warum fehlt ein Museum zur Kultur der Roma, die ja in diesem geopolitischen Raum ebenso stark vertreten sind? Wie die Juden waren auch sie im ungarischen Teil des Habsburgerreiches eher geduldet als im westlichen, dem österreichischen. Aus der Obhut des Kommunismus entlassen, würden sie sich heute in der Modernität des rücksichtslosen Neoliberalismus noch weniger zurechtfinden als andere, schreibt Gabriele Matzner-Holzner in ▶ „Die unbekannte Slowakei" (Holzhausen 2001).

Nach der Wende wird das Thema Multikulturalität in Bratislava gerne und oft zitiert. Das einst so friedliche Zusammenleben der verschiedenen Bevölkerungsgruppen ist zu einer Art Mythos geworden. Das kann aber nicht über die Tatsache hinwegtäuschen, dass es im Verlauf der Geschichte immer wieder zu starken Spannungen kam. In den letzten Jahrzehnten der Donaumonarchie galten die Slowaken – wie andere slawische Völker auch – als Bürger zweiter Klasse. Das war auch im kosmopolitischen Pressburg nicht anders. Nach dem Ausgleich mit Ungarn 1867 setzte die sogenannte Magyarisierungsphase ein: Deutsche und Slowaken wurden aus ihren Ämtern entlassen und ins gesellschaftliche Abseits gedrängt, Kinder nach Ungarn zwangsverschickt. Bei einem Besuch der beiden Museen sollte man sich die Geschichte vergegenwärtigen. Dann versteht man auch besser, warum manche Aspekte ausführlicher behandelt werden als andere.

Für all das Verbindende zwischen Bratislava, Budapest und Wien steht die Donau. Deshalb macht es, bevor man das letzte Teilstück der Route in Angriff nimmt, durchaus Sinn, auf dem Sonnendeck des ▶ Botels Marina einen Kaffee zu trinken und aufs Wasser zu schauen (Nábrežie arm. gen. L. Svobodu, Tel. 02/5464 1804, www.botelmarina.sk, tägl. 7–22.30 Uhr). Das Schiff ankert genau vis-à-vis dem ehemaligen Stadtteil „Zuckermandel". Man braucht also nur die Uferstraße zu überqueren. Es war früher einmal tatsächlich als Cruiser auf der Donau unterwegs und wurde vor ein paar Jahren zum Hotel umfunktioniert. An der Uferpromenade entlangschlendernd kommt man zurück ins Stadtzentrum. Bei der Neuen Brücke (Nový most) nimmt

Sympathische Bleibe: das Botel Marina

man wieder die Unterführung und erreicht den Ausgangspunkt der Tour. An der Südseite des Doms tut es gut, noch einmal kurz innezuhalten, um den stimmungsvollen Rudnayovo námestie auf sich wirken lassen. Es ist, wenn man so will, der Pressburger Parnass, ein Ort, an dem der Genius der Stadt in Stein verewigt wurde. Und zwar auf sehr bezeichnende Weise: Die Büste im Vordergrund zeigt Anton Bernolák (1762–1813), jenen Mann, der 1787 die slowakische Schriftsprache kodifizierte und das Fundament für die nationale Identität der Slowaken schuf. Links hinter ihm, ganz nah an der Mauer, vor dem dunklen Stein fast nicht erkennbar, ist Raphael Donner (1693–1741), der Bildhauer aus Wien, dargestellt. Und auf der anderen, der rechten Seite steht Ferenc Liszt (1811–1886) – der ungarische Komponist und Klaviervirtuose. Fast scheint es, als hätte jede der Volksgruppen einen Vertreter hierher entsandt.

Die Uferpromenade an der Donau

Im Sommer spricht eigentlich nichts dagegen, noch einmal den Weg über die Brücke (Nový most) einzuschlagen, ordentlich Luft zu schnappen und sich Appetit zu holen für ein Essen bei ► Leberfinger (Viedenská cesta 257, Tel. 02/6231 7590, tägl. 11–24 Uhr). Das Lokal, 1894 von Ludwig Leberfinger gegründet, blickt auf eine mehr als hundertjährige Geschichte zurück und liegt idyllisch im Grünen am Rande des Janko-Král'-Parks. Hier – und wohl nur hier – kommt die Küche der Donaumonarchie noch so richtig zu Ehren. Unser Menüvorschlag: Pikante Pressburger Kuttelflecksuppe, Wiener Schnitzel (auf der Karte als „Šnicla" ausgewiesen) und Mohr im Hemd. Bei der Auflistung des Hochprozentigen scheint der Wirt es direkt darauf angelegt zu haben, Frieden zu stiften unter den ehemaligen Untertanen der Monarchie: Zipser Wacholderbranntwein, ungarischer Kirschobstler und Slivovica aus Bošáca stehen hier einträchtig nebeneinander auf der Karte.

ROUTE 4
Die Moderne

Ausgangspunkt: Hurbanovo námestie
Endpunkt: Zámočnícka
Dauer: je nach Tempo und Aufenthaltsdauer in den Museen: ca. 3 Stunden (Abschweifungen nicht eingerechnet)
Die Route: Hurbanovo námestie (ehem. Bata-Schuhgeschäft ❶) – Abstecher in die Obchodná (Zentrum für Handwerkskunst Úl'uv ❷) – Námestie SNP (Genossenschaftshäuser ❸, Haus der Kunst ❹) – Abstecher über die Kolárska in die Heydukova (Synagoge ❺) – Námestie SNP (Hauptpostamt ❻, ehem. Zentrale der Tatrabank ❼, Markthalle ❽, „Manderlak" ❾) – Kamenné námestie – Štúrova – Jesenského (ehem. Nationalbank ❿) – Alžbetinska (Blaues Kirchlein ⓫) – Dobrovičova (Úl'uv Design Studio ⓬) – Jakubovo námestie – Klemensova (Eisenbahndirektion ⓭) – Bezručova (ehem. Poliklinik ⓮) – Dostojevského rad – Pribinova (Oper ⓯) – Dostojevského rad – Šafárikovo námestie (Comenius-Universität ⓰, Ausstellungshalle des Künstlervereins ⓱) – Vajanského nábrežie – Riečna (Hotel Devin ⓲) – (Ausflug: mit dem Bus von der Nový most und zu Fuß zum Danubiana Meulensteen Art Museum) – Rázusovo nábrežie (Slowakische Nationalgalerie ⓳) – Námestie L'udovit Štúra (Ausstellungssaal im Palais Esterházy ⓴) – Palackého (Buchhandlung LaReduta ㉑) – Vajanského nábrežie – Rigeleho – Hviezdoslavovo námestie (Galéria Medium ㉒, Galéria Hit ㉓) – Strakova – Panská (Palais Pálffy ㉔) – Ventúrska – Prepoštská (Haus der Fotografie ㉕, Galerie-Buchhandlung Ex Libris, Ex Cafè ㉖) – Ventúrska – Zelená – Hlavné námestie (Jugendstilhaus ㉗) – Františkánské námestie – Zámočnicka (Galéria Komart ㉘, Milan-Dobeš-Museum ㉙)

Unbedingt sehen:
1 Ehem. Bata-Schuhgeschäft, heute Boutique Alizé
2 Genossenschaftshäuser
3 Jakubovo-Platz **4** Ausstellungshalle des Künstlervereins **5** Installation „Pasáž" im Palais Pálffy

Dieser Spaziergang widmet sich dem künstlerischen Schaffen der Zwanziger- und Dreißigerjahre des vorigen Jahrhunderts,

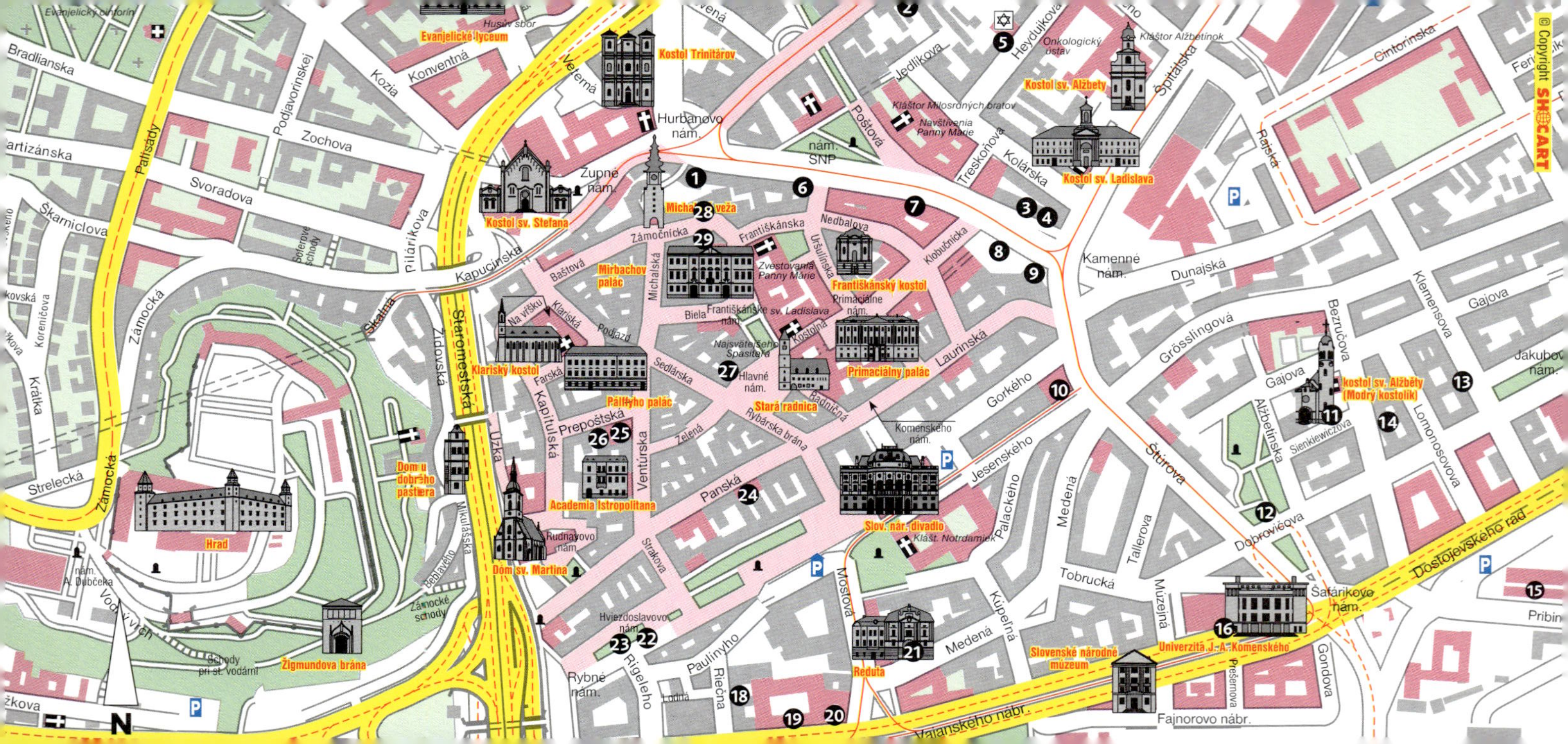

© Copyright SHOCART
Evanjelický cintorín
Husův sbor
Evanjelické lýceum
Kostol Trinitárov
Bradlianska
Konventná
Kozia
Veterná
Podjavorinskej
Zochova
Partizánska
Palisády
Svoradova
Škarniclova
Soferove schody
Pilárikova
Kapucínska
Skalná
Zámocká
Korenićova
Krátka
Strelecká
Hrad
nám. A. Dubčeka
Vodný vrch
Schody pri st. vodární
Žigmundova brána
Zámocké schody
Beblavého
Mikulášska
Židovská
Staromestská
Úzka
Dom u dobrého pastiera
Hurbanovo nám.
Župné nám.
Kostol sv. Štefana
Michalská veža
Zámočnícka
Baštová
Mirbachov palác
Michalská
Na vŕšku
Klariská
Klariský kostol
Farská
Podjazd
Kapitulská
Prepoštská
Pálffyho palác
Academia Istropolitana
Venturská
Rudnayovo nám.
Dóm sv. Martina
Strakova
Hviezdoslavovo nám.
Rybné nám.
Rigeleho
Lodná
Paulínyho
Riečna
Františkánska
Zvestovania Panny Márie
Nedbalova
Uršulínska
Františkánsky kostol
Klobučnícka
Biela
Františkánske nám.
sv. Ladislava
Kostolná
Primaciálne nám.
Primaciálny palác
Najsvätejšieho Spasiteľa
Sedlárska
Hlavné nám.
Stará radnica
Radničná
Zelená
Rybárska brána
Panská
Laurinská
Komenského nám.
Gorkého
Jesenského
Slov. nár. divadlo
Klášt. Notrdamiek
Palackého
Mostová
Reduta
Medená
Kúpeľná
Tallerova
Tobrucká
Múzejná
Slovenské národné múzeum
Univerzita J. A. Komenského
Šafárikovo nám.
Prešernova
Gondova
Fajnorovo nábr.
Vajanského nábr.
Dostojevského rad
Pribinova
Štúrova
Dobrovičova
Alžbetínska
Sienkiewiczova
Gajova
Bezručova
kostol sv. Alžbety (Modrý kostolík)
Lomonosovova
Klemensova
Jakubovo nám.
Grösslingová
Dunajská
Kamenné nám.
Rajská
Cintorínska
Špitálska
Kláštor Alžbetínok
Onkologický ústav
Kostol sv. Alžbety
Heydukova
Kostol sv. Ladislava
Kolárska
Treskoňova
Kláštor Milosrdných bratov
Navštívenia Panny Márie
Jedlíkova
Poštová
nám. SNP
1 2 3 4 5 6 7 8 9 10 11 12 13 14 15 16 18 19 20 21 22 23 24 25 26 27 28 29
P
N

einer Zeitspanne, die in der Geschichte der Slowakei sowohl für die Moderne als auch für staatliche Unabhängigkeit steht. Lange Zeit waren Wien und Budapest prägend, ab 1918 konnten bzw. durften eigene Wege beschritten werden. Dank der Dreisprachigkeit Bratislavas, der großen ungarischen, deutschen und jüdischen Gemeinde stand die Slowakei nicht am Rande, sondern im Kontext europäischer Entwicklung. Dieses nach dem Ersten Weltkrieg neu gewonnene Selbstbewusstsein und die Öffnung hin zur europäischen Avantgarde lässt sich am Schaffen einiger namhafter Architekten dokumentieren.

In Zusammenhang mit dem „goldenen Zeitalter tschechoslowakischer Architektur" wird meist Vladimír Karfík an erster Stelle genannt. Deshalb beginnt der Rundgang auch bei einem seiner Entwürfe: dem **ehemaligen Schuhgeschäft der Firma Bata,** Hurbanovo námestie 6, aus dem Jahre 1930, das einem noch so zerstreuten Spaziergänger einfach auffallen muss, egal welche Waren gerade in den Auslagen liegen. Zurzeit sind es sündteure Teile von Givenchy, Chloé, Jean Paul Gaultier, Pal Zileri und Valentino, die die schicke ▶ Boutique Alizé (Tel. 02/5930 6061, www.alize.sk, Mo–Sa 10–20, So 12–18 Uhr) führt.

Boutique Alizé: Shopdesign der 1930er-Jahre

Karfík kam 1901 in Slowenien zur Welt und starb 1996 in Brünn. Mitteleuropäischer geht's gar nicht mehr. Auch die Zwischenstationen in Paris und Chicago passen gut ins Bild. Als ganz junger Mann absolvierte der Hochbegabte 1925/26 ein Praktikum bei Le Corbusier. Zurück in Prag, gewann er bei einer Ausschreibung ein Stipendium für die USA. Die letzten und wertvollsten zwei Jahre dieses Aufenthalts verbrachte er bei Frank Lloyd Wright, wo er an einigen Projekten und Umsetzungen beteiligt war. Noch in Amerika, erhielt er ein lukratives Angebot vom tschechischen Tycoon Tomás Bata, dem Schuhfabrikanten aus Zlín. Es folgten 16 Jahre als Leiter des Bau- und Planungsbüros in den Headquarters der Bata-Werke. In dieser Zeit realisierte

Karfík in Zlín unzählige einzigartige Projekte, unter anderem ein Hochhaus mit 17 Stockwerken und einem mobilen Arbeitsbüro für Jan Bata, Tomás' Bruder – eines der Prunkwerke der tschechischen Architektur in der Zwischenkriegszeit.
Beim Bata-Kaufhaus in Bratislava setzte er seine hohen Ansprüche in etwas bescheidenerem Rahmen um. Da der Blick auf den historischen Michaelerturm nicht verstellt werden durfte, musste das ursprünglich geplante Bauvolumen des Projekts etwas schrumpfen. Das Ecklokal ist nur zwei Stockwerke hoch, während der andere Gebäudeteil fünf Etagen umfasst. Bis heute beruht die Wirkung der Architektur vor allem auf dem nächtlichen Effekt des grün schimmernden Neonbandes an der Fassade. Damals war in slowakischer und deutscher Sprache der Slogan „Bei uns bekommen Sie für jeden Fuß die passenden Schuhe" angebracht. Im Zuge der Renovierung Anfang der 1990er-Jahre wurde an die hintere Fassade ein neues Treppenhaus angebaut und das ursprüngliche Mobiliar entfernt. Heute befindet sich über dem Kaufhaus das trendige ▶ Restaurant & Club Alizé mit einer hübschen Dachterrasse, wo ab 18 Uhr die Abendsonne hinscheint (Hurbanovo námestie 6, Tel. 02/5930 6041, www.alize.sk, tägl. 11.30–24 Uhr).
Viele der tschechischen und slowakischen Kreativen der damaligen Zeit verband, dass sie Lehrjahre oder ein ganzes Studium an der Bratislavaer Kunstgewerbeschule absolviert hatten und durch diese Institution geformt und beeinflusst worden waren. Die Škola umeleckých remesiel, kurz ŠUR genannt, stand über ihre Leh-

Effektvoll: Nachts leuchtet das Neonband an der Fassade

Cooles Ambiente im Restaurant Alizé

rer und Pädagogen in enger Beziehung zum Bauhaus in Dessau und entwickelte sich ab 1928 zu einer Keimzelle der Avantgarde in Osteuropa. Nach dem Zerfall der Tschechoslowakei und unter dem Druck des aufkommenden Faschismus wurde die ŠUR 1939 geschlossen. Sie war eine fortschrittliche Institution, ausgestattet mit modernen Lehrmitteln, Werkstätten, kleinen Arbeits- und Ausstellungsräumen, einer Bibliothek und einem Lesesaal sowie mehreren Vortragssälen. Zu ihren Absolventen gehörten Künstler von Weltrang: L'udovit Fulla in der Malerei, Irena Blühová in der Fotografie. Sie schöpften ihre Ideen aus dem Rationalismus ihrer Zeit, aber auch aus der poetischen Fantasie der Kinderkunst. Das alles verknüpfte sich – und das ist das Besondere der Slowakei – mit einem auf hohem Niveau entwickelten handwerklichen Können und einer jahrhundertealten Volkskunst. Auf diese Tradition beruft sich das slowakische Kunsthandwerk bis heute.

Úl'uv: Kunsthandwerk im alten Pawlatschenhaus

Jetzt sollte ein Abstecher unbedingt in die Obchodná führen. Auf Nr. 64 ist in einem der Hinterhöfe das **Úl'uv** (Dvor remesiel/Handwerkshof, Tel. 02/5273 1349, www.uluv.sk, Mo–Fr 10–18, Sa 10–14 Uhr) untergebracht – ein Zentrum für Handwerkskunst in ansprechender zeitgemäßer Präsentation. Das Prinzip: Originalmodelle aus vergangener Zeit werden modifiziert, traditionelle Techniken

Úl'uv-Shop: Tradition ohne Kitsch

angewandt, ohne dass Folklore daraus wird. Aus den Materialien Holz, Ton, Metall, Horn, Weidenrohr, Textil oder Wolle entstehen nicht nur traditionelle Produkte, sondern immer auch modern abstrahierende Varianten. Zu den kunstvollsten Artikeln gehören Stickereien, bunt oder dezent Ton in Ton, sowie Klöppelarbeiten, die in gewebte Tischtücher und Servietten integriert sind. Das Zentrum untersteht dem Kulturministerium und wurde 1945 mit dem Ziel gegründet, alte Techniken vor dem Vergessen zu bewahren. Seine Aufgabe besteht in der Herstellung, im Vertrieb, aber auch in der Forschungsarbeit und der Dokumentation. Jedes Modell muss von einer Kommission genehmigt werden. Dadurch bietet das Label Úl'uv einen gewissen Schutz vor Kitsch.

Zurück zum Ausgangspunkt, dem Hurbanovo námestie. In seiner Verlängerung folgt der Námestie SNP, der Platz des slowakischen Nationalaufstandes. Er verdankt seinen Namen den Aufständischen, die im Sommer 1944 gegen das hitlerfreundliche Tiso-Regime kämpften; die Stadt Banská Bystrica, Zentrum des Widerstandes, setzte sich fast zwei Monate lang gegen den Angriff der Deutschen zur Wehr, der Aufstand forderte 20.000 Menschenleben und wurde später von der kommunistischen Geschichtsschreibung glorifiziert.

Architektonisch interessant ist der Námestie SNP unter anderem deshalb, weil hier auf Nr. 13, 14 und 15 das Hauptwerk von Emil Belluš **(Genossenschaftshäuser)** zu sehen ist. Belluš, Jahrgang 1899, gehörte der gleichen Generation an wie Karfík. Er studierte in Budapest und Prag und eröffnete 1925 in Bratislava sein eigenes Büro. Ihm wird ein ungewöhnliches Gespür für Proportionen und Harmonie nachgesagt. Belluš hatte einen wesentlichen Anteil an der Gründung der Slowakischen Technischen Hochschule (1937) und an der Entstehung der ersten selbstständigen Fakultät für Architektur in der Slowakei (1947). Er war es auch, der Vladimír Karfík vom tschechischen Zlín nach Bratislava holte, wo er zum Professor ernannt wurde. Von Anbeginn war seine Karriere durch den bewussten Versuch gekennzeichnet, für funktionalistische Architektur einen modernen, zeitgemäßen Ausdruck zu finden. Charakteristisch für ihn sind einfache Formen, Ausgewogenheit, symmetrische Fassadengestaltung und detailreiche Innenausstattungen.

Radikal modern: die Genossenschaftshäuser

Die Häuser Námestie SNP 13, 14 und 15 werden in Bratislava „Rote Häuser" genannt. Sie tragen zwar immer noch die Farbe des Fortschritts, aber die unzähligen kleinen Geschäfte mit ihren unterschiedlichen Auslagengestaltungen verstellen den Blick auf das Werk des Architekten. Der Komplex wurde im Auftrag der mächtigen „Bauerngenossenschaft" errichtet und stellte 1937 mit seiner Großzügigkeit einen markanten Eingriff in die Struktur der Stadt dar. Etwas von der damaligen Wirkung ist heute noch zu erahnen. Sie beruhte vor allem auf der abwechslungsreichen Gestaltung und den Art-déco-Details: kühn geschwungene Türschnallen, Fensterumrahmungen aus blitzendem Chrom, große Glasfronten ...

Türschnallen im Art-déco-Stil

Ellipsenförmiges Oberlicht in der Passage

Als Erstes entstand das Eckgebäude, Nr. 15. Es war als Firmensitz der Genossenschaftsbank gedacht. Im Erdgeschoß befanden sich eine Filiale (heute Volksbank), Geschäfte und eine Passage. Diese Passage beherbergt heute das ▶ Café Vienna (Tel. 02/5292 6344, Mo–Fr 7–22, Sa, So 9–22 Uhr). Bemerkenswert ist die Tonnengewölbedecke mit den vielen kleinen runden Glasfenstern als Lichtquelle und Dekorelement. Auch der Stiegenabgang ins Untergeschoß hat etwas Elegantes. Das Café ist gut besucht und als Frühstücksadresse beliebt.

Café Vienna: gewölbte Decke mit winzigen Glasfenstern als Lichtquelle

Das mittlere Gebäude wurde als letztes seiner Bestimmung übergeben. Im Untergeschoß befand sich ein Kino, das später zu einem Theatersaal umfunktioniert wurde. Heute hat der bekannte amerikanische Fastfoodriese hier Einzug gehalten.

Fast zeitgleich wurde das Haus Nr. 13 fertiggestellt, hier arbeitete die Führung der Genossenschaft. Im Inneren des Eingangsgeschoßes befindet sich eine weitere Passage, die vor allem wegen des ellipsenförmigen Oberlichtfensters interessant ist. Hier haben sich heute ein Souvenirladen und eine Konditorei angesiedelt.

In den oberen Stockwerken aller drei Häuser waren Verwaltungsräumlichkeiten untergebracht, und über diesen befanden sich Wohnungen. Die Stiegenaufgänge sind mittlerweile abgewohnt und in die Jahre gekommen. Und doch macht der ganze Komplex einen lebendigen Eindruck. Andere Bauten aus der gleichen und sogar späteren Epochen stehen leer.

In den 1960er-Jahren kam auf Námestie SNP 12 ein viertes, in einer ähnlichen Formensprache gehaltenes Gebäude hinzu. Wenngleich man es als fremd, als nicht dazugehörig empfindet, vervollständigt es das Ensemble zu einem Block. In diesem seit jeher als Haus der Kunst (Dom umenia) definierten Bau fanden in der Vergangenheit neben Kulturveranstaltungen auch die internationalen Biennalen der Kinderbuchillustration statt. Heute wehen auf dem Gebäude zwei Fahnen: die slowakische und die der Europäischen Union. Mit Unterstützung des Kulturministeriums machen freie Kulturinitiativen Programm. Im Foyer kleben Plakate, die über das aktuelle Kunstgeschehen informieren. Auf Betreiben verschiedener Kulturinitiativen wurde das Haus der Kunst zum neuen Treffpunkt der unabhängigen Kulturszene rund um A4-nultý priestor (www.a4.sk). Auch das von der Künstlerin Mária Rišková initiierte ► Projekt Burundi – Mediathek, Labor für Netzkultur, Ausstellungsraum und Verlag in einem – hat sich

Haus der Kunst

Zeichen des Fortschritts: Die „Roten Häuser" auf dem Nám. SNP

hier etabliert (www.burundi.sk). Platz scheint genug vorhanden zu sein, eine Bühne für Oper und Tanz gibt es ebenfalls.

Wenn man eine der Passagen zwischen den Belluš-Häusern durchquert, gelangt man in die Kolárska. Von hier sind es keine fünf Minuten zu Fuß bis zu einem weiteren denkwürdigen und denkmalgeschützten Bau der 1920er-Jahre: der **Synagoge** in der Heydukova, erbaut von Arthur Szalatnai-Slatinský, der in Budapest studiert hatte und sich als Architekt und Möbeldesigner später in Bratislava niederließ. Eine an die Antike erinnernde Kolonnade schließt die Lücke zwischen den Wohnhäusern an beiden Seiten. Sie wirkt wie ein Schleier, der das eigentliche Gesicht des Gebäudes verdeckt: die terrakottafarbene Fassade mit sechs „blinden Fenstern", die sehr effektvoll durch orientalische Ornamente verziert sind. Die Synagoge kann jederzeit gegen Voranmeldung besichtigt werden (E-Mail: znoba@znoba.sk, www.slovak-jewish-heritage.org).

Die Synagoge aus den 1920er-Jahren

Zurück zum Ausgangspunkt, dem Námestie SNP. Bis 1946 hieß der Platz seiner Bestimmung gemäß schlicht „Marktplatz". Danach wurde er in „Stalinplatz" umbenannt. Eine riesige Statue des Diktators prangte in seiner Mitte. Sie dominierte zehn Jahre lang den Platz, war dann politisch nicht mehr tragbar und wurde entfernt. Bis 1974 zeigte sich der SNP völlig schmucklos. Zum dreißigsten Jahrestag des slowakischen Aufstandes gegen den Faschismus wurde 1974 im Zentrum das ▶ Denkmal mit dem Partisanen und den beiden Arbeiterinnen aufgestellt. Es stammt von Ján Kulich, einem der prominentesten Bildhauer der kommunistischen Ära. Dass er heute Christusfiguren modelliert, passt für viele nicht zusammen. Er genießt immer noch einen guten Ruf, doch werfen viele ihm vor, als Dekan der Kunstakademie politisch Andersdenkende von der Uni verwiesen zu haben. Das Denkmal ist nach der Wende, als viele der Monumente aus kommunistischer Zeit entfernt wurden, erhalten geblieben, da es eine positiv besetzte Episode der Geschichte darstellt.

Bis 1946 „Marktplatz“, danach „Stalinplatz“, heute Námestie SNP

Der Námestie SNP hat nicht nur einen hochpolitischen Namen, er hatte auch eine politische Funktion in der Vergangenheit. Am 21. August 1968 standen hier die Panzer der Sowjetarmee, die im Morgengrauen an mehreren Plätzen der Stadt Position bezogen hatten. Im Laufe des Tages versammelten sich Massen von Menschen auf dem Námestie SNP. Viele kletterten auf die Panzer, versuchten, die russischen Soldaten zu überzeugen, dass es keinen von den USA angezettelten Aufstand gegen den Kommunismus gab ... Auch die Hauswände waren voll mit Botschaften wie „Lenin erwache, Breschnew ist verrückt geworden ...“. An der Wand des Hauptpostamtes erinnert eine ▶ Gedenktafel an Peter Legner, der an diesem Tag auf tragische Weise hier ums Leben kam, ebenso wie Danka Kosanova, ihrer wird vor dem Gebäude der Comenius-Universität (▶ Seite 97) gedacht.

Auch im November 1989, während der Samtenen Revolution, fanden auf dem SNP Kundgebungen statt. Sie führten kurz darauf zum Sturz des kommunistischen Regimes und gaben dem Platz erneut eine historische Dimension.

Wem der Sinn nach Nostalgie steht, der kann im **Hauptpostamt** (Námestie SNP 34) aus der k. u. k. Zeit noch zuhören, wie die Stempel aufs Papier niedersausen. Sehenswert sind auch die Jugendstilfenster in der Schalterhalle.

Partisanenkämpfer ließen ihr Leben im Kampf gegen den Faschismus

Das nächste Haus (Nr. 33) beherbergte die **Zentrale der Tatrabank,** der führenden und größten Bank des Landes, und ist heute Sitz des Kulturministeriums. Erbaut hat es Milan Michal Harminc, der Dritte im Bunde der großen Architekten der Zwischenkriegszeit. Wie E. Belluš und V. Karfík stand auch er stark unter dem Einfluss von Bauhaus und Konstruktivismus. Das prunkvolle Hotel Carlton am Hviezdoslavovo námestie (▶ Seite 117), das ursprünglich aus drei verschiedenen Häusern bestand, verdankt ihm sein heutiges, 1930 entstandenes Aussehen.

Ehemalige Zentrale der Tatrabank, heute Kulturministerium

Als Nächstes folgt, etwas zurückversetzt, auf Námestie SNP 25 die **Markthalle,** ein eklektischer Jugendstilbau aus dem Jahre 1910. Bis 1960 herrschte hier noch reger Betrieb. Danach schien der „Bauch von Bratislava" dem Verfall preisgegeben. Nach der Wende beschloss man die Restaurierung, heute steht die Markthalle mit ihren Obstständen und Imbissstuben den Pressburgern wieder zur Verfügung. Magische Anziehungskraft übt vor allem der ▶ Palatschinkenstand Winky Palačinky mit seiner schier unerschöpflichen Auswahl an Geschmacksvarianten aus. Links neben dem Haupteingang führt eine überdachte Passage in die Laurinska, eine der Hauptachsen der Altstadt. Einst bestand auch ein Verbindungsgang zur Markthalle, doch der wurde 2006 geschlossen, als sich in dem renovierten lichtdurchfluteten Tonnengewölbe aus den 1930er-Jahren teure Geschäfte mit italienischer Luxusware niederließen (▶ Central Passage, Laurinská 17, www.centralpassage.sk, Mo–Sa 10–20, So 12–18 Uhr).

Die Markthalle

In den letzten drei Stockwerken des Gebäudes eröffnete das tschechische Unternehmen EA Euroagentur ein schickes Hotel mit 32 Zimmern, das ▶ EA Art Hotel William (Laurinska 17, Tel. 02/5988 9111 und 02/5988 9444, www.arthotelwilliam.com). Vor dem Gebäude befindet sich ein Glaspavillon, darunter sind ▶ Ausgrabungen der Kirche des heiligen Laurentius (Kostol sv. Vavrinca) aus dem 15. Jahrhundert zu sehen.

Die neu eröffnete Central Passage greift den Stil der 1930er-Jahre auf

Weiter unten, auf Námestie SNP 23, repräsentiert der **„Manderlak"** – wie das Gebäude im Pressburger Jargon heißt – eine weitere Etappe der Moderne. Mit elf Stockwerken war dieser Bau 1935 das erste Hochhaus der Stadt und hatte lange Zeit so etwas wie eine Leuchtturmfunktion. Ein echter Wolkenkratzer, auf dessen Flachdach in zweieinhalb Meter großen Lettern „Manderla", der Name des Besitzers, angebracht war. Ähnlich wie beim Bata-Schuhhaus war der Bauherr auch in diesem Fall ein erfolgreicher Unternehmer mit Weitblick. Der Kaufmann Rudolf Manderla hatte einige Zeit in den USA verbracht und veranlasste nach seiner Rückkehr den Bau des später nach ihm benannten Turmes. Er beauftragte die österreichischen Architekten Ernst Spitzer und Christian Ludwig. Letzterer war der Vater des Malers Christian Ludwig Attersee, der 1940 in Bratislava zur Welt kam.

Der „Manderlak", das erste Hochhaus der Stadt

Im Sockelgeschoß des Bauwerks befand sich die moderne Variante eines Arkadenganges. Eine gebogene Passage mit kleinen Geschäften führte durch das Gebäude. Das Erdgeschoß war durchgehend verglast, was zusätzlich zu seiner Offenheit und Leichtigkeit beitrug. Im ersten Stock gab es auf der einen Seite Büroräume und auf der anderen das Grand Café, kurz „Grandka" genannt – lange Jahre ein Treffpunkt der

Bohème. Heute fristet das Gebäude ein eher trauriges Dasein. Eine ungefähre Ahnung seiner Strahlkraft erhält man, wenn man es von der Špitálska aus betrachtet. Entschieden modern – das lässt sich auch nach all den Jahren noch erkennen – waren die Fenster, die über die Eckkante des Gebäudes reichen.

Das Hotel Kiev

Nach dem „Manderlak“ geht der Platz in den Kamenné námestie über. Hier biegen die Straßenbahnen quietschend ums Eck, und es ist immer was los – wohl auch deshalb, weil sich hier der innerstädtische Stützpunkt der britischen Kaufhauskette Tesco befindet. Der 1960 errichtete Gebäudekomplex, damals der größte Konsumtempel der Slowakei, wird von dem 18 Stockwerke hohen ► Hotel Kiev überragt. Den Wettbewerb für dieses Projekt gewann Ivan Matušík, ein erst 32-jähriger Architekt, nach dessen Plänen der gesamte Platz nach und nach bebaut wurde. In der kommunistischen Ära war das Hotel Kiev *the place to be*. Hier stiegen Apparatschiks und selbsternannte Businessmen aus den sozialistischen Bruderländern ab. Was in Zukunft daraus werden soll, weiß niemand so recht.
Die 18-Stockwerke-Vertikale steht für die Architektur der starren Planwirtschaftsperiode. Neuen Schwung brachte erst wieder die

Tesco: Shopping rund um die Uhr

Monumental: die Generalprokuratur, ehemals Nationalbank

Samtene Revolution und die Öffnung nach der Wende. Charakteristisch für diese Epoche sind zahlreiche Restaurierungen, wie zum Beispiel der Markthalle oder der Jugendstilhäuser am Hauptplatz, dem Hlavné námestie (siehe ▶ S. 103).

Biegt man vom Kamenné námestie kommend in die Štúrova ein, zweigt als dritte Gasse rechts die Jesenského ab. Hier steht unübersehbar gleich an der Ecke ein weiteres Belluš-Gebäude von einschüchternder Monumentalität – die **ehemalige Nationalbank** aus dem Jahre 1939, heute Sitz der Generalprokuratur (Staatsanwaltschaft).

Jugendstil pur: das Blaue Kirchlein

Der Spaziergang wird weiter durch die Štúrova fortgesetzt. Die breite Nord-Süd-Achse hat fast etwas von einem Boulevard, sie rollt förmlich auf das Donauufer zu – die Zahl der Geschäfte nimmt ab, die Betriebsamkeit lässt nach, und im letzten Abschnitt breitet sich linker Hand eine sonnenbeschienene Grünfläche mit Sitzbänken aus. Gleich die erste Gasse links von diesem „Park" nennt sich Alžbetínska und führt zum sogenannten **Blauen Kirchlein** (Modrý kostolík, Mo–Sa 7 und 18, So 8, 9, 10, 11 und 18 Uhr). Es heißt mit offiziellem Namen Sankt-Elisabeth-Kirche und stellt eines der wenigen Beispiele Pressburger Jugendstils dar – erbaut

1913 nach Plänen des ungarischen Architekten Ödön Lechner. An den Außenwänden wurden blaue Majolikafliesen und auf dem Dach blau glasierte Schindeln verwendet.

Geht man nicht rund um die Kirche herum, sondern denselben Weg zurück, kommt man an den Beginn der Dobrovičova. Hier liegt im Erdgeschoß des Hauses Nr. 13 die auf modernes Design spezialisierte Zweigstelle von Úl'uv, das **Úl'uv Design Studio** (Tel. 02/5296 4153, www.uluv.sk, Di–Fr 13–18, Sa 10–14 Uhr).

Die Dobrovičova vermittelt urbane Atmosphäre. Der Stoff, aus dem Städte sind – Wohnhäuser, Villen mit Vorgärten, Verwaltungsgebäude, ein Krankenhaus, ein Kinderspielplatz, eine Kirche, ein Kloster, ein Tante-Emma-Laden – all das im Umkreis eines halben Kilometers. Ein großstädtischer Mikrokosmos, in dessen Mitte sich der Jakubovo námestie ausbreitet – ein hübscher, quadratischer Platz mit Grünfläche, ein Stück Stadtlandschaft mit Flair. Dass sich Cafés (empfehlenswert: ▶ Café Parklife, Jakubovo námestie 13, Mo–Fr 7.30–22, Sa, So 12–22 Uhr), ein CD-Laden (▶ No Tape, Jakubovo námestie 13, Tel. 02/ 5296 2062, www.notape.net, Mo–Fr 12–19 Uhr) und noch ein paar Geschäfte hier angesiedelt haben, trägt zur Attraktivität dieses Winkels bei.

Café Parklife

Prägend für diesen Abschnitt der Route sind zwei Architekten – Alojz Balan und Jiři Grossmann. Sie studierten in Prag unter anderem bei Jože Plečnik und eröffneten in Bratislava gemeinsam ein Atelier, weil sie sich hier bessere Chancen für den großen Durchbruch erhofften. Dies gelang letztendlich. Sie gewannen den Wettbewerb für den Bau des Ausstellungspavillons der Künstlervereinigung (Umelecká beseda Slovenská; ▶ Seite 97f.) – ein Zusammenschluss, der bildende Künstler, Literaten, Musiker und Architekten vereinen sollte. Dieser Bau aus dem Jahre 1925 steht nicht nur für den persönlichen Erfolg des Teams, auch in der Architektur der Slowakei markiert er einen Wendepunkt

Aufbruch in neue Zeiten: die Eisenbahndirektion

– das definitive Ende des Historizismus. Im selben Jahr realisierten die beiden die **Eisenbahndirektion** in der Klemensova, direkt an der Westseite des Jakubovo námestie. Auch wenn der Bau heute ziemlich angegraut wirkt, hat er nichts Schäbiges an sich und erfüllt immer noch seine Funktion. Das verchromte Portal blendet den Betrachter regelrecht durch das Licht, das es reflektiert. Darüber verweist das Emblem der Eisenbahn – ein beflügeltes Rad – auf die Funktion des Gebäudes. Was an der Fassade auffällt, ist die Asymmetrie, entstanden durch ein dominierendes Eckelement, das wie ein Turm emporragt und offenbar die Repräsentationsräume beherbergt. Chronologisch als Nächstes folgt im Werk von Balan und Grossmann 1928 der Bau der Kunstgewerbeschule (▶ Seite 82f.). Topografisch gesehen liegt das nächste Glanzstück der beiden – die **ehemalige Poliklinik** – in unmittelbarer Nähe, nämlich etwas stadteinwärts in der Bezručova 5. Das Zentrum des Gebäudes bildete eine zweigeschoßige, von oben beleuchtete Halle, von der aus die ambulanten Ordinationen zugänglich waren. Im vierten, fünften und sechsten Stock befanden sich Krankenstationen. Dass die Patienten Zugang zu einer Terrasse hatten, war ein Novum und belegt die neue soziale Orientierung der Architektur zu Beginn der 1930er-Jahre.

Die ehemalige Poliklinik

Nach 21 Jahren Bauzeit endlich fertiggestellt: das neue Opernhaus (Slowakisches Nationaltheater)

Folgt man dem Verlauf der Bezručova in südlicher Richtung, erreicht man den Dostojevského rad, eine mehrspurige Umfahrungsstraße. Zwischen dieser Magistrale und dem Donauufer liegt das neue ▶ Stadtentwicklungsgebiet. Laut Bürgermeister Andrej Ďurkovský soll Bratislavas sehr kompaktes Stadtzentrum an die Donau herangeführt und der außergewöhnliche Fluss zum stadtbestimmenden Element erhoben werden. Das Projekt nennt sich „Eurovea – International Trade Centre“ und wird von der irischen Firma Ballymore Properties finanziert. In einer ersten Bauphase entstehen Vergnügungs- und Freizeiteinrichtungen, danach soll ein Geschäftszentrum folgen. Im April 2007 eröffnete nach 21 Jahren Bauzeit das neue **Opernhaus** in der Pribinova (Slovenské národné divadlo, Pribinova 17, Tel. 02/5778 2110, www.snd.sk, siehe auch ▶ Seite 116) seine Tore. Die Pläne dazu stammen noch aus der Ära des Kommunismus und der mit weißem Travertin verkleidete, etwas protzige Bau will nicht ganz in die Zeit passen. Die Aufführungen jedoch kommen beim Publikum gut an und der als antike Arena konzipierte Opern- und Balettsaal ist meist ausgebucht.

Die Comenius-Universität aus dem Jahr 1934

Ein Stück weiter donauaufwärts, am Ende des Dostojevského rad, folgt bald darauf ein Knotenpunkt, der einem sofort gefangen nimmt: der Šafárikovo námestie, ein Platz mit Charisma.

Bestimmend bzw. prägend ist hier das Gebäude der **Comenius-Universität** auf Nr. 12. František Krupka gewann den ursprünglich für die Getreidebörse ausgeschriebenen Wettbewerb. 1934, als der Bau fast fertiggestellt war, beschloss die Regierung, die Zweckbestimmung zu verändern – und so wurde die Universität daraus. Markant ist die Platzierung der Halle (heute Aula) an der Frontseite, sie betont die Funktion des Gebäudes (sich versammeln) und gibt ihm zugleich etwas Zeremonielles. Auf den Stiegen, die zur Straße hinunterführen, sitzt man beisammen, genießt im Frühjahr die ersten Sonnenstrahlen und liebäugelt mit einem Abstecher ans andere Donauufer mit seinen hübschen Lokalen, die sich über die „Alte Brücke", die Starý most, erreichen lassen. Diese ersetzt das im Zweiten Weltkrieg von den Nazis gesprengte Original – die Franz-Josefs-Brücke – und wurde von sowjetischen Soldaten 1945 eigentlich nur als Provisorium errichtet.

Die Alte Brücke

Und noch ein Star feiert auf diesem Platz schon seit 1925 – viel länger als alle anderen – stumme Auftritte: die bereits erwähnte **Ausstellungshalle des Künstlervereins** (Šafárikovo námestie 2, www.svu.sk, Mo–Fr 10–12 und 13–15 Uhr) von Alois Balan

Die Ausstellungshalle des Künstlervereins von 1925

Hostinec Umelka: Biergartenidylle in Bratislava

und Jiři Grossmann. Weiß verputzte Flächen mischen sich mit roten Backsteinmauern, auf den ersten Blick sind die einzelnen Funktionen – Klub- und Ausstellungsräume einerseits, Ausstellungshalle andererseits – an der Fassade klar erkennbar. Das ganze Gebäude trägt eindeutig funktionalistische Züge. Dort, wo sich die Klubräume befinden, liegt – folgerichtig – der Eingang zum sympathischen ▶ Bierlokal Hostinec Umelka (Dostojevského rad 2, Tel. 02/5263 4754, Mo–Fr 10–24, Sa, So 11–24 Uhr), das im Sommer mit seinem Schanigarten das studentische Publikum in Scharen anlockt.

Stilvoll und gediegen: das Hotel Devin

Folgt man der Uferstraße Vajanského nábrežie weiter donauaufwärts, stößt man erneut auf ein Gebäude von Emil Belluš: das **Hotel Devin** (Riečna 4, Tel. 02/5998 5111, www.hoteldevin.sk). Es hat das, was man Klasse nennt, und steht unter Denkmalschutz. An diesem Bau aus dem Jahre 1950 lässt sich Belluš' Markenzeichen ablesen: Kunsthandwerk und bildende Kunst als integrative Bestandteile der Architektur. Gleich neben dem Eingang links befindet sich eine elegante ▶ Bar mit bequemen Clubsesseln aus Leder. Einer Kaffeepause steht also nichts im Wege. Berühmt und von Kritikern hoch bewertet ist auch die Küche des französischen ► Restaurants Devin (Tel. 02/5998 5852, tägl. 12–15, 18–23 Uhr).

Nach dieser kurzen Pause bieten sich zwei Möglichkeiten an, die Tour fortzusetzen. Die eine wäre ein Besuch des **Danubiana Meulensteen Art Museum** (Čunovo, Tel. 02/6252 8501, www.danubiana.info, Sommer tägl. 10–20, Winter tägl. 10–18 Uhr, Anfahrt mit dem Bus 91 von der Neuen Brücke, Nový most, bis Čunovo, einem Stadtteil im Süden von Bratislava. Danach fünfzig Minuten zu Fuß. Den Weg durch die Aulandschaft markiert ein grün-rot-weißes Logo). Es liegt ziemlich spektakulär auf einer Insel in der Donau und zeigt wechselnde Ausstellungen moderner internationaler Kunst. Die Architektur setzt gleichberechtigt die Bilder und die Flusslandschaft in Szene und stammt von Peter Zalman, der auch das Holocaustmahnmal vor dem Martinsdom (► Seite 63) schuf.

Die andere Möglichkeit, den Rundgang zu beenden, wäre ein Bummel durch die Museen der Innenstadt. In diesem Fall hieße die nächste Station Slovenská národná galéria, **Slowakische Nationalgalerie** (SNG) (Rázusovo nábrežie 2, Tel. 02/5443 2081-2, www.sng.sk, Di–So 10–17.30 Uhr. Da seit Jahren eine umfassende Sanierung im Gange ist, kann es sein, dass nicht alle Exponate ausgestellt bzw. nicht alle Säle für Besucher geöffnet sind). Um sie zu erreichen, geht man vom Hotel Devin kommend links den Kai entlang zurück bis zu einem wie ein Vierkanthof angelegten Gebäude aus dem 18. Jahrhundert, das von der Straße zurückversetzt hinter einem hübschen Innenhof liegt. Der 1763 errichtete Bau war ursprünglich eine

Die Nationalgalerie in der ehemaligen Wasserkaserne

Wasserkaserne. Bei der Umgestaltung des Donauufers wurde der straßenseitige Teil abgerissen und in den 1970er-Jahren durch einen Neubau – die sogenannte Spange – ersetzt. Seine ungewohnte äußere Erscheinungsform polarisierte jahrelang die Gemüter. Viele empfinden den schräg gestellten Kubus zwischen zwei Althäusern als zu klobig und würden seinen Abriss begrüßen. Andere finden ihn „genial".

Zu Redaktionsschluss Anfang 2008 bot das Museum einen Streifzug durch alle Epochen. Europäische Malerei vom 15. bis 18. Jahrhundert im ersten Stock, eine Etage höher gotische Tafelbilder und Holzplastiken sowie Kopien der berühmten Charakterköpfe von Franz X. Messerschmidt (siehe auch ▶ S. 75). Daran anschließend slowakische Malerei des 19. Jahrhunderts und auf zwei Säle komprimiert das künstlerische Schaffen der Moderne. In den Werken der Zwanzigerjahre des 20. Jahrhunderts lässt sich immer mehr ein eigenständiger lokaler Stil erkennen. Einen speziellen, typischen Ausdruck findet vor allem der Expressionismus. Zu seinen bedeutendsten Vertretern zählt L'udovit Fulla, auch er ein Absolvent der berühmten Pressburger Kunstgewerbeschule (siehe ▶ Seite 82).

Die Nationalgalerie im Palais Esterházy

Beachtliches brachten unter anderem auch die „wilden Sechzigerjahre" hervor. Da der Prozess der Auseinandersetzung mit dem Westen sich in einer politisch wie kulturell isolierten Gesellschaft vollzog, entstanden unverwechselbare künstlerische Aussagen.

Um die Mitte der 1980er-Jahre traten Künstler der jüngeren Generation mit ihrer Malerei an die Öffentlichkeit. Unter ihnen auch Laco Teren, einer der führenden Künstlern der Gegenwart. In seinem Werk kommen postmoderne Irrationalität, Humor, absurde Metaphern, Allegorien und vor allem das Spiel mit Symbolen zum Ausdruck.

Weiter donauabwärts in dem großen Eckgebäude am Námestie L'udovit Štúra befand sich einst eines der Pressburger Domizile der Fürsten **Esterházy.** Das geschmackvoll restaurierte **Palais** gehört ebenfalls zur **Slowakischen Nationalgalerie,** die in den stilvollen Räumen wechselnde Ausstellungen zeigt (SNG Námestie L'udovit Štúra 4, www.sng.sk, Di–So 10–18 Uhr).

Im Anschluss an einen Rundgang bietet sich der Besuch der **Buchhandlung LaReduta** im Souterrain der slowakischen Philharmonie geradezu an (Kníhkupectvo LaReduta, Palackého 2, Tel. 02/5443 0203, Mo–Sa 9–18, So 13–18 Uhr). Hier lässt es sich herrlich in Kunstbänden und Reisebüchern stöbern und sogar ein bisschen schmökern, denn vieles liegt auch in deutscher Sprache auf.

Bietet Kunstbände auch in deutscher Sprache: die Buchhandlung LaReduta

Nach diesem kleinen Abstecher führt der Spaziergang wieder den Kai entlang. Die nächste Gasse auf der rechten Seite nach dem Hotel Devin trägt zu Ehren des Pressburger Bildhauers Alojz Rigele (1879–1940) den Namen Rigeleho. Sie mündet in einen Platz mit dem unaussprechlichen Namen Hviezdoslavovo námestie, benannt nach dem slowakischen Lyriker Pavol Országh Hviezdoslav (1849–1921). Eigentlich ist es mehr ein Boulevard als ein Platz, eine Prachtstraße mit vielen repräsentativen Bauten, die an Wien erinnern. Auf Nr. 18 befindet sich (in einem ehemaligen Palais Pálffy) die Vysoká škola výtvarných umení, die Hochschule für Kunst und Design (www.afad.sk). Als Teil dieser Kunstakademie wurde im Haus 1991 die **Galéria Medium** eröffnet (Tel. 02/5443 5334, www.afad.sk, Mo–Fr 10–17, Sa 10–16 Uhr). Sie zeigt aktuelle Strömungen zeitgenössischer Kunst in jenen Disziplinen, die an der Hochschule gelehrt werden. Vom Innenhof des Gebäudes gelangt man über ein paar Stufen in einen Keller. Hier betreibt die Malereistudentin Lucia Tkáčová

Galéria Medium in der Kunstakademie

die kleine **Galéria Hit** (Tel. 0907/45 88 25, www.galeriahit.com, Di–Fr 15–19 Uhr). Sie fungiert als Offspace und folgt dem Beispiel des von Mariá Rišková initiierten Projekts im Kunsthaus am SNP (► Seite 87).

Straßenseitig versteckt sich das von Kunststudenten stark frequentierte ► Café Verne (Tel. 02/5443 0514, tägl. 8.30–24 Uhr), eingerichtet mit nostalgischem Mobiliar und Fundstücken vom Flohmarkt – durchgesessenen Sofas und Fotos aus Omas Teenagertagen. Das etwas schmuddelige Retro-Ambiente kommt gut an, die großen Portionen und der freundliche Service ebenso.

Café Verne

Der Schanigarten des Ex Libris

Ein schmales Gässchen, die Strakova, verbindet den Hviezdoslavovo-Platz mit der Panská, der Herrengasse. Wenige Schritte stadteinwärts liegt auf Panská 19 ein weiteres **Palais Pálffy** (es gibt insgesamt drei in Bratislava!) (Tel. 02/5443 3627, www.gmb.sk, tägl. 11–18 Uhr). In einigen der Säle des Barockgebäudes finden regelmäßig Ausstellungen statt, die dann durch Transparente in der Panská angekündigt werden und schwer zu verpassen sind. Ein besonderes Geheimnis dieses Palastes ist eine Installation im ersten Stock: Der Betrachter steht vor einem Steg, der über einen (virtuellen) Abgrund führt. Auf der gegenüberliegenden Seite wartet eine offene Tür, die es zu erreichen gilt. Links und rechts der Wegstrecke und vom Boden bis zur Decke stapeln sich Tausende und Abertausende Bücher. Ein schwindelerregender Effekt, der durch kunstvoll und gekonnt angebrachte Spiegel erzeugt wird. Die Installation nennt sich „Pasáž" („Passage") und stammt von dem Bratislavaer Künstler Matej Krén.

Geht man die Panská zurück und die Ventúrska vor, stößt man links auf die Prepoštská. Hier hat sich seit 2007 das Stredoeurópsky dom fotografie, das **Haus der mitteleuropäischen Fotografie** (Prepoštská 4, Tel. 02/5441 8214, www.sedf.sk), mit eigener Galerie, spezialisierter Buchhandlung und kleinem sympathischen Café etabliert (Haus der Fotografie: Di–So 13–18 Uhr, Buchhandlung Ex Libris: Mo–Fr 10–18 Uhr, Ex Café Mo–Fr 9–22 Uhr). In den letzten 15 Jahren wurde Bratislava zu einer Drehscheibe der Fotografie in Ost und West. Jedes Jahr im November findet der Monat der Fotografie statt. Rund vierzig Ausstellungen von Fotografen aus aller Welt dokumentieren den hohen Stellenwert, den diese Kunstform beim Publikum genießt. Begleitend zu den Ausstellungen werden Workshops, Konferenzen und Filmvorführungen zum Thema Fotografie organisiert (www .fotofo.sk).

Galerie-Buchhandlung Ex Libris

Von der Prepoštská führt die Tour zurück in die Ventúrska und setzt sich durch die Zelená fort. Am Hauptplatz, dem Hlavné námestie, befindet sich auf Nr. 5 ein weiteres der in Bratislava eher selten anzutreffenden Jugendstildenkmäler: das 2000 restaurierte **Versicherungsgebäude** (Architekt: N. Körössy/

Sorgfältig restauriertes Jugendstilinterieur im Café Roland

1906; Renovierung: Karol Kallay/2000) mit dem bekannten ▶ Café-Restaurant Roland (Tel. 02/5443 1372, tägl. 8–24 Uhr). Vor allem der Saal im Souterrain lohnt, dass man einen Blick darauf wirft: ein geschlossenes Ensemble fast ohne Stilbruch.

Galéria Komart

Über den Franziskanerplatz, den Františkánské námestie, erreicht man die Zámočnicka. In dieser stillen Gasse liegen gleich zwei Kunstinstitutionen, die eigentlich zusammengehören: die auf geometrische Abstraktion spezialisierte **Galéria Komart** (Zámočnícka 8, Tel. 02/5441 3440, www.galeria-komart.sk, Di–So 10–18 Uhr) und das **Milan-Dobeš-Museum** (Zámočnícka 13, Tel. 02/5443 2305, www .milandobes.sk, Di–So 10–18 Uhr, Sa und So muss der Besuch angekündigt werden). Letzteres ist in einem typischen Wohnhaus aus dem 14. Jahrhundert untergebracht, wurde im Herbst 2001 eröffnet und präsentiert Werke von Milan Dobeš. Dieser Pionier unter den slowakischen Künstlern des 20. Jahrhunderts verknüpft ästhetische Kategorien visueller Wahrnehmung mit technischen Aspekten und integriert in seine Objekte virtuelle oder tatsächlich vorhandene Bewegungssequenzen.

Milan-Dobeš-Museum

Die Tour könnte bei einem Bier im ▶ Prašna Bašta (▶ Seite 110) ihren Abschluss finden. Im Sommer bietet sich als trendige Alternative die ab 18 Uhr in dunkles Rot getauchte Terrasse des ▶ Alizé (▶ Seite 82) an, womit auch der Ausgangspunkt der Tour wieder erreicht wäre.

ROUTE 5

Bratislava kulinarisch

Ausgangspunkt: Obchodná
Endpunkt: Nový most – **Dauer:** die ganze Nacht
Die Route: Obchodná (1. Slovak Pub ❶) – Hurbanovo námestie – Michaelertor – Župné námestie (Channels ❷) – Zámočnícka (Kút ❸, Prašná Bašta ❹) – Michalská (Medusa Bar & Restaurant ❺) – Sedlárska (Tempus Fugit ❻) – Ventúrska (Restaurant Camouflage ❼) – Panská – Laurinská (Cocktail Bar & Ristorante Paparazzi ❽) – Rybárska brána (Mezzo Mezzo ❾, Le Monde ❿) – Gorkého – Palackého – Gorkého (Peoples Lounge Restaurant ⓫) – Hviezdoslavovo nám. (Mama a Papa ⓬) – Námestie L'udovíta Štúra (Malecón ⓭) – Medená (Nu Spirit ⓮) – Obchodná (Soniclab ⓯, Radost ⓰) – Ventúrska (Trafo Music Bar ⓱), Nábrežie arm.gen.L.Svobodu (Subclub ⓲) – Nový most (Ufo ⓳)

Unbedingt erleben:
1 Knoblauchsuppe im Brotteig im 1. Slovak Pub **2** Blick von der „Brücke der Liebenden" ins Channels **3** Lichtdesign im Peoples **4** Jazziges im Nu Spirit **5** Über der Donau tanzen im Ufo

Die Wirtshauskultur an der Donau hat eine lange Tradition, und seiner Fülle von Lokalen verdankt Pressburg heute den Spitznamen Fressburg. Aber es gibt auch Partyslava, und zwischen diesen beiden Eckpfeilern bewegt sich die nächtliche Tour, von der hier die Rede sein soll. Was den Tourengeher auf dieser Route erwartet, reicht von bodenständiger Beislkultur bis hin zu Live-Acts im hippen Szenetempel. Dabei werden nicht nur Lokale angesteuert, die ins Spektrum jeder anderen Metropole auch passen würden, sondern auch solche mit unverwechselbarem Profil.
[Lokale, die im Zuge anderen Routen, vorgestellt wurden, finden sich im Index. Eine Komplettübersicht bietet www.obedovat.sk. Bei den Clubs haben wir jene ausgelassen, die von der Innenstadt zu weit entfernt liegen und für eine Tour zu Fuß nicht in Frage kommen. Unter www.relaxovat.sk sind in der Rubrik „Zábava" (Unterhaltung) sämtliche Diskos der Stadt aufgelistet.]
Zur Einstimmung schlagen wir ein Studentenlokal, das 1. Slovak Pub (Obchodná 62, Tel. 02/5292 6367, www.slovakpub.sk,

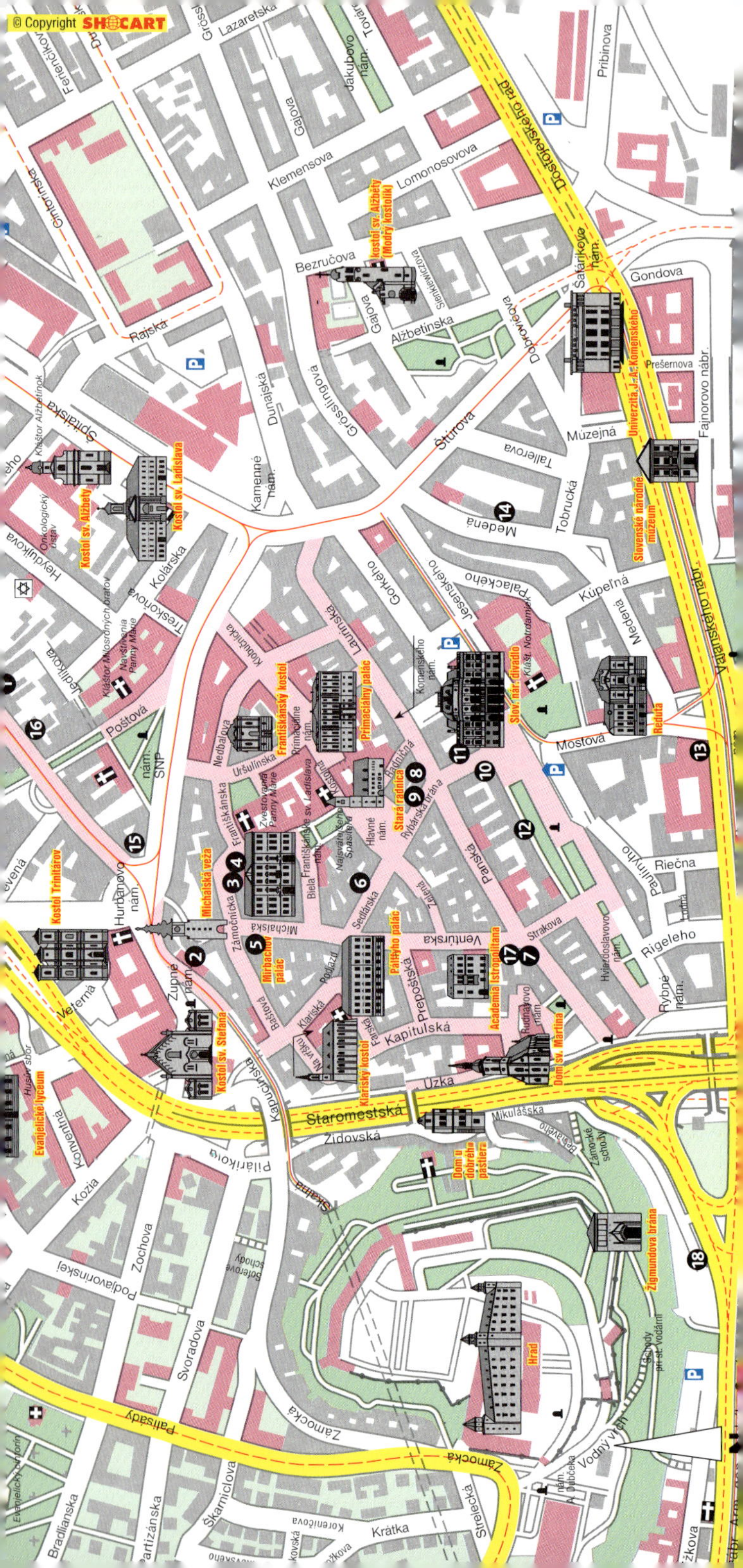
© Copyright SHOCART
Lazaretská
Grösslingova
Jakubovo nám.
Gajova
Klemensova
Lomonosovova
Dostojevského rad
Pribinova
Cintorínska
Rajská
Bezručova
Kostol sv. Alžbety (Modrý kostolík)
Alžbetínska
Šafárikovo nám.
Gondova
Dobrovičova
Univerzita J. A. Komenského
Prešernova
Fajnorovo nábr.
Dunajská
Kamenné nám.
Štúrova
Tallerova
Múzejná
Slovenské národné múzeum
Tobrucká
Medená
Špitálska
Kláštor Alžbetínok
Kostol sv. Alžbety
Onkologický ústav
Kostol sv. Ladislava
Kolárska
Heydukova
Treskoňova
Kláštor Milosrdných bratov
Navštívenia Panny Márie
Jedlíkova
Poštová
nám. SNP
Gorkého
Jesenského
Palackého
Laurinská
Kúpeľná
Klobučnícka
Františkánsky kostol
Primaciálny palác
Primaciálne nám.
Komenského nám.
Slov. nár. divadlo
Klášt. Notrdamiek
Reduta
Mostová
Vajanského nábr.
Nedbalova
Uršulínska
Františkánska
Zvestovania Panny Márie
Františkánske nám.
Stará radnica
Radničná
Rybárska brána
Hlavné nám.
Najsvätejšieho Spasiteľa
Biela
Zámočnícka
Michalská veža
Michalská
Hurbanovo nám.
Kostol Trinitárov
Mirbachov palác
Pálfiho palác
Sedlárska
Zelená
Ventúrska
Panská
Strakova
Hviezdoslavovo nám.
Paulínyho
Riečna
Rigeleho
Rybné nám.
Academia Istropolitana
Prepoštská
Kapitulská
Klariská
Farská
Podjazd
Baštová
Zupné nám.
Veterná
Kostol sv. Štefana
Klariský kostol
Na vŕšku
Rudnayovo nám.
Dóm sv. Martina
Úzka
Staromestská
Židovská
Mikulášska
Beblavého
Zámocké schody
Kapucínska
Pilárikova
Dom u dobrého pastiera
Evanjelické lýceum
Husov sbor
Konventná
Kozia
Zochova
Podjavorinskej
Svoradova
Zigmundova brána
Hrad
Schody pri st. Vodárni
Palisády
Zámocká
Vodný vrch
nám. A. Dubčeka
Evanjelický cintorín
Bradlianska
Partizánska
Škarniclova
Strelecká
Krátka
Korenicova
P

Tradition mit einem Schuss Ironie: der 1. Slovak Pub

Mo–Do 10–24, Fr, Sa 11–2 Uhr), vor, das für Bratislava charakteristisch ist, weil es gleich auch eine Story mitliefert – einen Background, etwas, womit man sich auseinandersetzen kann, während man aufs Essen wartet: Eatertainment. Es geht um slowakische Geschichte und Tradition, in einer Art erzählt, die das Land weder nationalistisch noch hinterwäldlerisch erscheinen lässt.

Über dem Eingang ist ein Schäfer in historischer Tracht abgebildet, umgeben von seinen Schafen. Das Schwarzweißbild, könnte man meinen, verklärt ländliche Idylle und Hirtentradition. Doch nein. Eine Sprechblase stellt klar: Es geht um Ironie. Die Übersetzung lautet in etwa: „Mein Vater hat gesagt, mach ein gutes Wirtshaus auf, aber eines mit Internetanschluss." Dieses Vermächtnis spielt auf die Biografie des Besitzers an. Alojz Hlina entstammt tatsächlich einer Wirtsfamilie. Und er hat ein Lokal eröffnet, in dem auf alten Möbeln junge Leute lungern, ihre Suppe aus der Brotteigschüssel löffeln und daneben den Laptop aufgeklappt haben. Porträts slowakischer Nationalhelden – wie Tafelbilder gemalt – lächeln verschmitzt auf sie herab. Im Winter verbreitet der Kachelofen wohlige Wärme, und es riecht meist nach zerlassenem Käse.

Die beliebteste Speise heißt „Bryndzové halušky" (Brimsennockerln) und bedarf wohl keiner weiteren Erklärung. Entweder man hat sie bereits gekostet, oder man hat von ihr gehört. Keine Frage: Die Nockerln sind deftig, aber an kalten Tagen eine Wohltat. Bei der hiesigen Variante wird die Käsesauce mit Schlagobers verfeinert, und der Speck schmeckt rauchig, als käme er direkt aus der Selchkammer eines Bauern. Weniger bekannt ist „Vyprážaný Hermelin", ein slowakischer Camembert, der herausgebacken und mit Sauce tatare serviert wird. Hinter dem Begriff Lokša („Fladen") versteckt sich eine Art Palatschinke auf

Basis von gekochten Kartoffeln, die mit Mehl vermischt werden. Die Wirtin rollt den Teig hauchdünn aus und legt ihn direkt auf die heiße Herdplatte. Mit Gänseschmalz bestrichen, schmeckt diese Tortilla slovaka auch ohne Fleisch recht gut.
Die Speisekarte im 1. Slovak Pub macht einen großen Bogen um Pizza & Pasta und inszeniert – immer mit einem Augenzwinkern – slowakische Hausmannskost. Dazu gehören Suppen („Polievky"), die am Speiseplan jeder Familie ganz oben stehen und schon am frühen Morgen auf den Tisch kommen. Auf der Karte rangieren sie deshalb gleich nach „Hemendex" in der Rubrik „Frühstück". Spezialität des Hauses ist übrigens die Knoblauchsuppe im Brotlaib (für Studenten um zehn Kronen billiger).

Das Channels ...

Die slowakische Küche bewegt sich innerhalb mitteleuropäischer Traditionen und weist doch starke regionale Unterschiede auf. Im Osten des Landes macht sich der ukrainische Einfluss bereits bemerkbar. Die slowakischen „Pirohy" heißen hinter der Grenze „Piroggen" und sind mit Topfen, Kartoffeln, Pilzen, Kraut oder Nüssen gefüllte und mit zerlassener Butter servierte Teigtaschen. Mehlspeisen als Hauptgang erfreuen sich großer Beliebtheit – darunter auch Gerichte, wie man sie in den 1950er-Jahren noch in Wien gekocht hat, bevor dort das große Kalorienzählen begann: Bröselnudeln, Nussnudeln und natürlich Mohnnudeln („Šúl'ance s makom"). Der Süden des Landes wiederum schwört auf Gulasch. Eine interessante Variante ist „Baraní gulaš" aus Hammelfleisch. Dazu slowakisches Bier, das in der Verkleinerungsform „Pifko" auf der Karte steht und hier bis 18 Uhr unverschämt billig angeboten wird.
Als Festtagsessen behauptet sich traditionsgemäß das Gansl. Im Slovak Pub wird es als Ganzes für vier bis fünf Personen serviert, muss allerdings einen Tag im Voraus bestellt werden.
Apropos Gänse: Bei diesem Thema haben die Bewohner von Slovensky grob, einem unscheinbaren Ort im Norden von Bratis-

... ideal für einen Zwischenstopp zu jeder Tages- und Nachtzeit

lava, ein Wörtchen mitzureden. Die „Husacina", wie das Festessen mit dem Federvieh auf Slowakisch heißt, funktioniert nach dem gleichen Prinzip wie der Wiener Heurige. Ein Zeichen an der Hauswand macht den Fremden darauf aufmerksam, dass die Hausfrau eine Gans im Rohr hat. Man sitzt dann in einer ausgeräumten Garage, im Rohbau oder im Gartenhaus und wird umsorgt wie daheim (mittlerweile empfiehlt es sich, vorzubestellen unter www.slovensky-grob.sk). Diese Enklave privater Gastwirtschaft hat sich über all die Jahre gehalten. Und weil selbst kommunistische Bonzen Hausmannskost dem öden Kantinenessen vorziehen, wurde auch die eine oder andere Parteisitzung ins Dorf verlegt.

Die Route führt wieder zurück zum Nám. SNP und von dort durch das Michaelertor in die Innenstadt. Auf der Most zamilovanych, der „Brücke der Liebenden" (▶ Seite 56), sollte man kurz Halt machen. Rechts zeigt ein mehrstöckiges Wohnhaus sein Innerstes – den Hinterhof mit kleinen Balkons und Fenstern, die nachts beleuchtet sind und Einblicke in die Wohnungen gewähren. Eines dieser Fenster gehört zum **Channels** (Župné námestie 2, Mo–Do 17–4, Fr, Sa 17–6, So 17–2 Uhr), einer sympathischen Lounge, wo man in weichen Pölstern versinken und bei Funk, Jazz-Funk, Deep House & more kurz verschnaufen kann.

Gleich nach dem Michaelertor zeichnet die erste Gasse links, die Zámočnicka, einen schwungvollen Bogen Richtung Františkánske námestie, Franziskanerplatz. Auf Zámočnicka 11 liegen gleich zwei Szenelokale eng nebeneinander – klassische Orte, die man ansteuert, bevor man sich ins Nachtleben stürzt. Lokale wie Höhlen sind das, dunkel, geeignet, um sich auch tagsüber zu verkriechen. Institutionen fast, wo Flyer aufliegen und man erst einmal ausloten kann, wonach einem der Sinn steht.

Junges Publikum und gute Musik im Prašná Bašta

Das **Kút** (Tel. 02/5443 4957, Mo–Fr 8–23, Sa, So 16–23 Uhr) ist ein Café, das **Prašná Bašta** (Tel. 02/5443 4957, www.prasnabasta.sk, tägl. 11–23 Uhr) mehr ein Restaurant mit Barbetrieb. Beide gehören demselben Besitzer. Man betritt die Lokale durch den Innenhof eines Pawlatschenhauses. Im Sommer stehen die Tische heraußen, und es lodern Fackeln. In der kalten Jahreszeit duckt sich das Prašná Bašta unter einer Gewölbedecke aus dem 15. Jahrhundert. Als Dekor alte Fotos – und was man halt so auf dem Dachboden findet. Gekocht wird mit Hingabe und Herz. Die Tageskarte bietet täglich wechselnde Menüs zu sehr günstigen Preisen. Das Publikum ist jung, die Portionen reichen für zwei. À la carte bestellt man am besten die berühmten Brimsennockerln oder Speisen vom Grill. Zum Dessert kann man bei Banane mit Schokosauce, Palatschinken mit Nüssen oder Eisbecher mit Früchten in Kindheitserinnerungen schwelgen.

An dieser Stelle sei auf zwei – alkoholfreie – Getränke hingewiesen, die in Bratislava Kultstatus haben: Kofola und Vinea. Kofola entstand zu Beginn der 1960er-Jahre, als koffeinhältiges Nebenprodukt aus der Kaffeerösterei. Es war ein Riesenhit in den *early seventies* und ist jetzt wieder total in. Der Name spielt auf Coca-Cola an, das es als kapitalistisches Konsumgut im Land nicht gab. Vinea kam etwas später in die Regale. Es ist purer Traubensaft, enthält viel Fruchtzucker, Mineralstoffe und Vitamin B. Irgendwann in den 1980er-Jahren wollte ein amerikanischer Konzern die Lizenz dafür erstehen, aber der Staat, damals noch Eigentümer der Fabrik, lehnte ab.

Wenn man es nicht unbedingt darauf abgesehen hat, sich durch die slowakische Küche durchzukosten, nimmt man im Slovak

Pub, Prašná Bašta oder Kút vielleicht nur ein Bier und schlägt den Weg in Richtung Michalská, Michaelergasse, ein. Hier steigt das Preisniveau rapide an, aber auch die Speisekarten und das Styling gewinnen mehr (westliches) Profil. Wir stellen jene Adressen vor, die zu den Top Ten gehören, sich in den letzten Jahren gut etabliert haben und deshalb nicht gleich wieder von der Bildfläche verschwinden werden. Was unsere Favourites von reinen Gourmetadressen unterscheidet: Sie sind auch als Lounge oder Bar konzipiert, man muss also nicht unbedingt an einem Tisch Platz nehmen und ein fünfgängiges Menü bestellen.

Mit positiven Überraschungen jedenfalls darf man im **Medusa Bar & Restaurant** rechnen (Michalská 21, Tel. 02/5464 7344, www.medusarestaurant.sk, tägl. 11–1 Uhr). Die Farbe Hellgrün zieht sich durch das ganze Interieur – von der Speisekarte bis zu den in einem kantigen Glasgefäß gestapelten Limetten. Die transparenten Kunststoffsessel im Barbereich passen gut zur jazzigen Musik, der coolen Atmosphäre und dem jungen, sehr freundlichen Team. Sympathisch: Auch Pressburger versammeln sich hier, sei's zur Firmenfeier, sei's zu einem Cocktail oder für einen Snack. Manche sehen aus, als kämen sie direkt vom Laufsteg.

17 alkoholfreie Cocktails werden mit lässiger Handbewegung gemixt und elf verschiedene Rumsorten angeboten. Bei Whiskys, Wodkas, Grappas und Tequilas besteht auch jeweils ein gutes Dutzend Wahlmöglichkeiten. So viel zu den Getränken. Die Speisekarte ist in französischer Sprache mit slowakischer und

Anspruchsvolles Design: Medusa Bar & Restaurant

Tempus Fugit: Essen mit Stil

englischer Übersetzung verfasst und ufert – wie in den meisten anderen Lokalen auch – aus. Für Hungrige gibt's klassische Pastagerichte. Anspruchsvolleres und Kalorienarmes erwartet die Businesspeople. Zum Beispiel saftige Fasanenbrust, in Beaujolais geschmort, mit karamellisierten Schalotten und frischem Blattspinat. Auch die Desserts – wie der Konus aus weißer Schokolade, der einer Rakete gleich aus dem Teller ragt und mit lockerer Mokkacreme gefüllt ist – passen zum hohen Stylinganspruch.

Die Ventúrska, Hauptachse der Innenstadt

Die Tour führt nun in die Sedlárska. Hier liegt auf Nr. 5 das im Frühjahr 2003 eröffnete **Tempus Fugit** (Tel. 02/5441 4357, www.tempusfugit.sk, Mo–Fr 8–1, Sa, So, Fei 9–1 Uhr). Der Name wirkt leicht irreführend: Die Zeit läuft hier nicht davon, sie scheint eher stehen geblieben. In dem ehemaligen bürgerlichen Wohnhaus aus dem 15. Jahrhundert herrscht eine Atmosphäre wie in einem italienischen Palazzo: Deckengewölbe, gotische Säulen, Wandmalereien, Gobelins. Was Service, Weinangebot und Küchenqualität betrifft, so setzen die Besitzer – ein britisches Ehepaar mit slowakischen bzw. tschechischen Wurzeln – ganz bewusst neue Maßstäbe.

Szenenwechsel: Wir befinden uns jetzt ein paar Häuser weiter stadteinwärts im **Restaurant Camouflage** (Ventúrska 1, Tel. 02/2092 2711, www.camouflage.sk, tägl. 11.30–1 Uhr) und blättern in der Chronik des Hauses: „In einer nebeligen Herbstnacht", steht da geschrieben, „tauchte eine weiße Gestalt in den Gängen dieses luxuriösen Palastes auf. Der Hausherr, Graf Johann Nepomuk Erdödy, wollte noch einmal die Chance nutzen, genau jene Musik zu hören, die vor mehr als 200 Jahren gespielt wurde, als er damals hier Gäste empfing. Niemand weiß, ob es ihm gelang, die betörenden Töne zu vernehmen, die sein privates Opernensemble einst für ihn zum Besten gab. In den alten Gemäuern seines Palastes hat die Liebe zur Kunst, die einst in seinen Adern pulsierte, jedenfalls überlebt."

Zu Gast im Palais des Grafen Erdödy

Die Küche des 2005 eröffneten Lokals hat sich Großes vorgenommen, muss aber noch ihre Linie finden. Das Interieur passt zur Geschichte des nachtwandelnden Grafen. Alles ist blütenweiß wie sein Nachtgewand, nur ohne Rüschenbesatz. Starke farbliche Akzente setzen lediglich die abstrakten Gemälde an der Wand: kontemplative Blau- und Grüntöne, lebhaftes Gelb-Orange, sinnliches Pink – irgendwie an Andy Warhol erinnernd. Der Erfinder der Pop-Art ist zwar in den USA geboren, seine Eltern stammten aber aus der Slowakei, aus dem kleinen Dorf Mikova nahe der polnischen Grenze. Es

Café Camouflage: schick und trendy

Cocktail Bar & Ristorante Paparazzi

heißt, Warhol, der die Sprache seiner Vorfahren beherrschte, habe vorgehabt, das Land zu besuchen, doch er starb 1987 zwei Jahre vor der Samtenen Revolution, und es kam nicht dazu.
Beim Verlassen des Lokals folgt man der Panská, der Herrengasse, die ein paar Häuserblocks weiter in die Laurinská übergeht, mit der sie gemeinsam eine der Hauptachsen der Innenstadt bildet. Die **Cocktail Bar & Ristorante Paparazzi** (Laurinská 1, Tel. 02/5464 7971, www.paparazzi.sk, tägl. 10–1 Uhr) kann man eigentlich nicht verfehlen, man stolpert förmlich über die neben der Eingangstüre postierte lebensgroße Figur mit Fotoapparat. Das Ecklokal mit den ausdrucksstarken Schwarzweißfotos an den Wänden gilt als Lieblingsbar der „BoBos", der Bourgeois Bohemiens. Im Service agieren männliche Gestalten, die sich so verhalten, als würden sie jeden Moment einen Anruf aus Hollywood erwarten. Leider versteht nicht jeder von ihnen Englisch, und die anspruchsvolle Karte des italienischen Chefs hält auch nicht immer, was sie verspricht.
Etwas weniger cool geht es im **Mezzo Mezzo** zu, einem eleganten Speiselokal in der Rybárska brána, einer Seitengasse, die von der Laurinská zum Hauptplatz führt (Rybárska brána 9, Tel. 02/5443 4393, www.mezzo.sk, Mo–Fr 8–1, Sa, So 9–1 Uhr). Der in hellen Tönen gehaltene Citytreff mit klassischer Crossover-Küche gehört denselben Besitzern wie das Tempus Fugit, was für eine bestimmte Servicequalität bürgt. Die Karte ist interessant und unternimmt zumindest bei den Vor- und Nachspeisen den Versuch, regionale Spezialitäten zu integrieren (z.B. Halászlé, ungarische Fischsuppe, Kürbiscremesuppe, Kastanienreis). Die Hauptspeisen – zum Beispiel Entenbrustscheiben auf Apfel-Kirsch-Sauce

oder gebratener Oktopus mit würziger Tomatensalsa – sind dann wieder mediterran bzw. asiatisch angehaucht.

Bevor man sich auf die gegenüberliegende Straßenseite in das schicke Le Monde begibt, muss man sich eines vergegenwärtigen: In den 1960er- und 1970er-Jahren lagen auf der ganzen bisher zurückgelegten Strecke vielleicht fünf Lokale. Man konnte sie an den Fingern einer Hand abzählen. Treffpunkt der Jugendlichen war die Detská cukráreň, die „Kinderkonditorei". Dort, wo heute ein Fastfoodladen die Massen mit Hamburgern und Pommes abfertigt, befand sich die Milchbar, hier konnte man auf eine Limonade, Cremeschnitte oder einen Erdbeercocktail einkehren. Bescheidene Verführungen im Vergleich zu heute.

Mezzo Mezzo

Auf dieser „Korzo" genannten Strecke traf man sich täglich und promenierte ungefähr zwei Stunden, von halb acht bis halb zehn, wer Ausdauer hatte, auch bis zehn. Bei dieser Gelegenheit wurden immer auch Schallplatten aus dem Westen getauscht. Das Promenieren hat in Pressburg Tradition, der Korzo rühmt sich, die nördlichste Promenade italienischen Typs in Europa zu sein.

Hviezdoslavovo námestie

Wer am Samstag oder Sonntag nicht auf dem Korzo anzutreffen war, musste entweder krank oder tot sein – so sagte man sich damals. Man „korsierte" vom Michaelertor die Michalská hinunter – niemals auf der Michalská selbst, das war nur eine der Zugangsstraßen – dann die Sedlárska und den Hauptplatz entlang und durch die Rybárska brána (Fischertor) auf die Promenade, den Hviezdoslavovo námestie (damals Radetzkyplatz).

Genau hier, auf Rybárska brána 8, steht ein hübsches einstöckiges Barockhaus mit schmiedeeisernem Balkon. Hierher ist das **Le Monde** übersiedelt, das in seinen Anfängen an derselben Adresse lag wie das Camouflage heute (Tel. 02/5441 5411, www.lemonde.sk, So–Do 11.30–24, Fr, Sa 11.30–2 Uhr). Wie der Name vermuten lässt, lädt das Lokal zu einer kleinen kulinarischen Weltreise ein: Gazpacho, Bouillabaisse, Borschtsch, griechischer Salat, Risotti, Bucatini, Pappardelle. Le Monde – da schwingt aber auch etwas Mondänes mit, vielleicht lässt Supermodel Adriana Sklenaríková sich blicken, sie soll schon des Öfteren hier gesehen worden sein. Der Besitzer, Nils Jebens, gebürtiger Norweger, beherrscht mit fünf Toprestaurants die Spitzengastronomie von Prag. Als er im Jahr 2000 in Bratislava das Le Monde eröffnete, war es das allererste Luxusrestaurant der Stadt.

Le Monde, das erste Luxusrestaurant der Stadt

Es gibt nichts Unterhaltsameres, als vom Balkon oder der Terrasse aus das Treiben an diesem neuralgischen Punkt der Stadt zu beobachten. Auf der einen Seite das Opernhaus – mit richtigem Namen ► „Slowakisches Nationaltheater" (SND; Gorkého 4, Tel. 02/5443 3764, www.snd.sk, zum neu eröffneten Opernhaus siehe auch ► S. 96), 1886 nach den Plänen der Wiener Architekten Ferdinand Fellner und Heinrich Helmer erbaut, auf der anderen Seite das Hotel Carlton und vis-à-vis davon die Redoute, Reduta. In der k. u. k. Zeit gab es am Nationaltheater, damals Stadttheater genannt, eine deutsche und eine ungarische Saison, jede mit ihrem eigenen Ensemble. Auch auf dem Platz davor hatte jede Tageszeit ihre eigene Sprache. Morgens sprach man Slowakisch, mittags Ungarisch und abends Deutsch. Der Vormittag gehörte den einheimischen Arbeitern und Dienstboten, zum Mittagessen trafen sich die Geschäftsleute aus Ungarn, und zu später Stunde gaben sich die Wiener hier Rendezvous.

Fellner und Helmer entwarfen in Wien das Volkstheater und das Ronacher. Vielleicht kommt daher die besonders auffallende Familienähnlichkeit dieser Ecke der Stadt mit Wien. Doch die beiden ungleichen Schwestern haben nicht nur ihr Aussehen gemein, sie haben sich auch eine Art Geheimsprache erhalten. Jeder in Bratislava spricht ein bisschen Deutsch, Slowakisch, Ungarisch und in jedem Fall Mischmasch (Letzteres ist natürlich ein wienerisches Wort). Der Ausruf „Jessasmaria" (Jesusmaria) klingt slowakisch „Ježišmária" (Betonung auf der ersten Silbe). Da wie dort gelten „Servus" und „Baba" statt „Auf Wiedersehen". In Bratislava kommt noch „Ahoj" hinzu, der saloppe Gruß, der unter Freunden in Prag kursiert. „Čauko" – abgeleitet von „Ciao" – hat sich in den letzten Jahren auch eingebürgert.

Slowakische Philharmonie

Auf den ersten Blick verbindet Pressburg und Wien die Melodie der Sprache, der Wortschatz und die Silhouette mancher Bauwerke. Das ▶ Hotel Carlton mit seinen 400 Betten erweist sich einer Weltstadt als würdig und könnte auch an der Wiener Ringstraße stehen (Radisson SAS Carlton Hotel, Hviezdoslavovo namestie 3, Tel. 02/5939 0000, www.radisson sas.com). Hier sind Celebritys wie Alfred Nobel, Theodore Roosevelt oder Thomas Edison abgestiegen. Hier endete die berühmte Straßenbahn, die bis 1935 Wien und Pressburg verband.

Gleich vis-à-vis befindet sich die ▶ Slowakische Philharmonie (Palackého 2, Tel. 02/5920 8233, www.filharmonia.sk), kurz Reduta genannt. Das neobarocke Gebäude wurde Anfang des 20. Jahrhunderts von zwei ungarischen Architekten erbaut und ist mit einem Konzertsaal, einem Casino und einem Restaurant aus-

Peoples: anspruchsvolles Lichtdesign in der Lounge ...

gestattet. Hier finden jedes Jahr im Herbst die Musikfestspiele Bratislava statt (www.bhsfestival.sk).
Zurück zum Le Monde und zu den Szenelokalen. Ein paar Häuser weiter, in der Gorkého, liegt das **Peoples Lounge Restaurant,** ein schicker Late-Night-Spot (Gorkého 1, Tel. 02/5464 0777, www.peopleslounge.sk, Mo–Do 10–1, Fr, Sa 10–2 Uhr). Massen junger, erfolgreicher Leute stehen hier Seite an Seite mit betuchten Ausländern und VIPs. Die erhöhten Sitzbänke und Barhocker bringen die langen Beine der Mädchen gut zur Geltung. Ihren männlichen Begleitern sieht man an, dass sie – um Schritt halten zu können – auch nicht wenig Zeit vorm Spiegel verbracht haben.

... und cooles Ambiente im Restaurant

Zur Küche nur so viel: Sie hat sich ein ambitioniertes Programm vorgenommen – will das Meeresrauschen bei Barcelona heraufbeschwören, das Licht des Sonnenuntergangs von Agra einfangen und den Duft der Lavendelfelder in der Provence herbeizaubern.
Bemerkenswert im Peoples ist das Lichtdesign: Die Kunststofftische in der Bar sind indirekt beleuchtet und wechseln von fluoreszierendem Grün zu Rot, zu Blau und wieder zu Grün. Besonders stimmungsvoll ist es hier zur Blue Hour, wenn auch der Himmel draußen vor den großen Glasfenstern Farbe zeigt. Der Raum ist klar unterteilt in Cocktailbar und Restaurant. Die Karte spiegelt den Trend wider, der die Stadt derzeit beherrscht:

starke Reize für Gaumen und Geist. Whisky aus Japan, zwanzig Jahre alter Portwein – um nur einige der rund hundert Positionen zu nennen. Dass dabei auf lokale Promillegrößen wie Borovička (aus Wachholderbeeren) und Slivovica (aus Zwetschken) nicht vergessen wurde, ist ein sympathischer Zug. Schnaps gehört zur sprichwörtlichen Gastfreundschaft der Slowaken eben dazu. Auf dem Land wird einem – egal zu welcher Tageszeit – ein *štamperlik* (Stamperl) angeboten und es wird erwartet, dass man es austrinkt. Nur Autofahrer sind von diesem Ritual ausgenommen, denn im Straßenverkehr gelten 0,0 Promille.

Wein, in kommunistischer Zeit als Massenware in Staatsgütern produziert, erfährt immer mehr eine Aufwertung. Junge, ambitionierte Winzer setzen auf Qualität und finden in Lokalen wie dem ein paar Häuser weiter unten gelegenen **Mama a Papa** (Wine Caveau & Restaurant, Hviezdoslavovo nám. 25, Tel. 02/5464 2525, www.maprestaurant.sk, tägl. 11–24 Uhr) eine geeignete Plattform.

In dem 2007 eröffneten Bistro mit Weinkeller und -bar lagern an die 400 Positionen und warten darauf, verkostet zu werden. Ein Tipp: der nach klassischer Methode hergestellte Sekt von Ján Hacaj oder der Pinot blanc (Rulandské Biele) von Janoušek Fischer. Beide Winzer stammen aus dem zwanzig Kilometer entfernten Pezinok, und auch die Porträts an den Wänden des Lokals zeigen Charakterköpfe aus dem berühmten Ort an der Weinstraße (www.pezinok.sk).

Neueröffnung des Jahres 2007: das Mama a Papa im Bistrostil

Platz für ein letztes Achterl: der Schankraum im Mama a Papa

Themengastronomie – oft auch mit Bezug zu fernen Inseln – setzt sich in Bratislava weiterhin erfolgreich durch. Bestes Beispiel: das 2005 eröffnete **Malecón**, benannt nach der berühmten Uferpromenade von Havanna (Námestie L'udovíta Štúra 4, Tel. 0910/274 583, www.malecon.sk, Mo–Mi 11–1, Do, Fr, Sa 11–3, So 11–23 Uhr). Das Lokal, das wir vom Hviezdoslavovo námestie über die Mostova erreichen, liegt im Erdgeschoß des Palais Esterházy, direkt am Donaukai. Die gegenüberliegende Seite ist unverbaut, und es fällt nicht allzu schwer, sich vorzustellen, dass statt der Donau hier der Atlantik gegen die Kaimauer brandet. Das gesamte Deckengewölbe des Saales zieren Schwarzweißfotografien, die aussehen wie an die Wand projizierte Filmausschnitte. Im Bild: Havanna, seine Autos, seine Frauen, seine bröckelnden Fassaden. Wenn die Fenstertüren offen stehen, die Ventilatoren unaufhörlich kreisen und man in der Nacht die Rücklichter der vorbeifahrenden Autos sieht, könnte man – Tequila und Salsa sei Dank – meinen, in Havanna zu sein. Die Band jedenfalls verbreitet echtes Buenavista-Feeling und wurde direkt aus einer Bar der Karibikinsel wegengagiert.

Karibikfeeling im Malecón

Der Service ist aufmerksam, agiert mit Schwung und stets mit einem Lächeln, wie es sich für ein solches Lokal gehört. Die Karte mit den Drinks und Cocktails kann, was die Vielfalt betrifft, kaum überboten werden, und auch an den Speisen – Tapas, Chicharritas, Fisch und als Nachspeise Flan de Coco al Caramelo – gibt's nichts auszusetzen. Zieht man das exzellente Preis-Leistungs-Verhältnis in Betracht, verwundert es nicht, dass Tischreservierung hier erbeten ist.

Vom Platz vor dem Malecón, dem Námestie L'udovíta Štúra, gelangt man in die Medená. Bis zum **Nu Spirit** (ehemals Buddha-Bar; Medená 16, Tel. 0905/865 566, www.nuspirit.sk, tägl. 10–2 Uhr), einem sympathischen Kellerlokal mit unverwechselbarem Bratislava-Appeal, sind es keine zehn Minuten. Im Eingangsbereich erinnert ein Graffito an die Buddha-Bar – wie das Lokal früher hieß. Weil es auch in Paris, Beirut und New York Bars dieses Namens gibt und man ihm nahelegte, einen Franchisevertrag zu unterzeichnen, änderte der Eigentümer vor kurzem den Namen des Lokals. Rado Tomek, alias DJ Kinet, steht seit 2001 an den Plattentellern und lässt das Vinyl rotieren. Als Mittdreißiger zieht er Down-Tempo-Tracks vor und peppt sie hin und wieder mit etwas Electronic auf.

Vormittags treffen sich Studierende der nahegelegenen Uni, abends wird zu Nu-Jazz gechillt. Jazzige Tunes und HipHop-Vibes bilden dann die Untermalung für angeregte Gespräche oder heftige Flirts. Zu mitternächtlicher Stunde kann die angenehm relaxte Stimmung mir nichts, dir nichts umschlagen und der schmale Gang Richtung Bar zum Dancefloor umfunktioniert werden. Wenn man Glück hat, erwischt man eines der unregelmäßig stattfindenden Livekonzerte. Internationale Jazzbands können hier in kleinem, sehr intimem Rahmen hautnah erlebt werden.

Unverwechselbarer Bratislava-Appeal im Nu Spirit

Ein ähnlicher Spirit herrscht im Soniclab (Obchodná 2, 02/5441 3301, www.soniclab.sk, Fr–Sa 23–7 Uhr, an anderen Wochentagen je nach Programm) Ecke Obchodná und SNP-Platz. Man erreicht den 2007 neu eröffneten Club, indem man die Medena vorschlendert, in die Ulica Štúrová einbiegt und über den Kamenné Nám. zum Nám. SNP vorgeht. Das kleine, mit Teppichboden ausgelegte Gewölbe wirkt sexy und zieht, wenngleich House und Elektronik im Programm dominieren, Enthusiasten aller Musikrichtungen an. Eine Kamera verfolgt das Geschehen in der DJ-Kanzel und überträgt es auf einen Flatscreen in den Barbereich. Mit angesagten DJs, Liveacts und dem „Sound zukünftiger Generationen" (Zitat Website) legt man es hier offenbar drauf an, die Clubszene Mittel- und Osteuropas neu aufzumischen.

Nur ein paar Häuser weiter führen ausgetretene Stufen in die kleine Underground Chillout Bar & Restaurant Radost, zu deutsch „Freude" (Obchodná 48, Tel. 0907/723 678, www.mojaradost.sk, Mo–Fr 17–5, Sa 15–5 Uhr). Gleich beim Betreten des Clubs fühlt man sich von den Lichtblitzen, die von dem Tunnelgewölbe heruntersausen, gefangen genommen. Nirgendwo sonst in der Stadt wird Absinth zu so günstigen Preisen ausgeschenkt. Daneben stehen fünfzig andere Harddrinks, fünfzig Teesorten, dreißig Longdrinks, dreißig Kaffeevarianten zur Auswahl, ebenso wie Wasserpfeifen mit schwarzem Tabak bzw. Apfel- und Jasminaroma. Das Musikprofil reicht von Nu-Jazz über Chillout, Down Tempo, Ambient, House, bis zu Drum´n´bass, Minimal, Dub, Reagge und World Music.

Der Rückweg in die Altstadt führt durch das Michaelertor und anschließend durch die Michalska. Wer jetzt leicht fröstelt, kann in der hippen Trafo Music Bar (Ventúrska 1, Tel. 02/2092 2744, www.trafo.sk, Di–Sa 21–5 Uhr) noch mal so richtig warmlaufen. Hinter einem Glaskasten ist tatsächlich ein Transformator in Betrieb. An der 15 Meter langen Bar kann man sich vom „Elektroschock" erholen bzw. Erste Hilfe in Anspruch nehmen. Von den Power Moments auf der Tanzfläche ruht man sich dann in der Chillout Zone aus, durch die ein Labyrinth von Gängen im Souterrain des Palastes führt.

Design- und soundmäßig am Puls der Zeit, steht das Zielpublikum des Trafo fest: die zahlungskräftige, junge Schickeria Bratislavas. Während anfangs auch dem (Szene-)Connaisseur ein

Design- und soundmäßig am Puls der Zeit: Trafo Music Bar

Plätzchen reserviert war (Tipp: DJs mit Live-Saxofonisten oder Live-Percussion), wird die Zukunft wohl erst weisen, ob nicht doch der Mainstream Oberhand gewinnt.

Als kräftiger Kontrast folgt nun die vorletzte Station: der Subclub (Subclub, ehemals Ucko-Club, Nábrežie arm.gen.L.Svobodu, Tel. 0904/949 105, www.subclub.sk, Do–Sa 20–5 Uhr, an anderen Wochentagen je nach Programm). Ein unendlich langer, in Orange gestrichener Gang führt in dieses laut pochende Herz des Bratislaver Undergrounds. Der ehemalige Bunker mit dem rauen Charme der Subkultur hat sowohl alternative Rockkonzerte als auch Drum'n'Bass- und HipHop-DJs auf dem Programm. Am Fuße des Burgberges gelegen, war er viele Jahre die wichtigste Location der Stadt und eine auch überregional bekannte Spielstätte für Techno und Elektronikmusik. Gegründet wurde dieses „Tanzlokal" von Tibor Holoda, der seit über zehn Jahren bereits als DJ, Party- und Festivalveranstalter aktiv ist.

Die nächste Etappe, das Ufo (Nový Most, Tel. 02/6252 0300, www.U-F-O.sk, Küche: Mo bis So 10–1, Sa 10–22 Uhr, Groove Club: Sa ab 24 Uhr, siehe auch Seite 32f., 60f.) erreicht man, indem man am Donauquai entlang zurück bis zur Neuen Brücke geht. Hat man den Fußgängersteg überquert, bringt einen der Lift in null Komma nichts hinauf in schwindelnde Höhen.

Die Neue Brücke, slowakisch „Novy Most", aus dem Jahre 1972 wird durch zwei am rechten Donauufer verankerte Stützpfeiler getragen und hängt bzw. schwebt 85 Meter über dem Wasser, gekrönt durch eine raumschiffartige Plattform. Schon als Kind

2005 neu eröffnet: das Ufo hoch oben über der Donau

hatte Daniel Čečetka, der Betreiber des Ufo, sich gefragt, was aus dieser der „fliegenden Untertasse" werden soll. Heute verbreitet diese Location einen Hauch von Ostblockimage, der, gut in Szene gesetzt, extrem trendy wirkt. Čečetka ist ein professioneller Gastronom, ein talentierter Impresario, der lange Zeit im Ausland gearbeitet hat, bevor er 1999 sein Erspartes in das Paparazzi, sein erstes eigenes Lokal, investierte. Danach folgten das Peoples, das Ufo und, als letzter Coup, das Mama a Papa.
Die Küche im Ufo braucht den Vergleich mit Wien nicht zu scheuen. Der Samstag allerdings eignet sich nicht so gut für kulinarische Höhenflüge, denn da werden nach Mitternacht die Tische beiseite geschoben und es entsteht eine kreisförmig angelegte Tanzfläche. Die rund um den Innenraum des Ufos verlaufenden „Fensterbänke" dienen als Sitzgelegenheit. Wirft man einen Blick über die Schulter, sollte man schwindelfrei sein: Unten kräuseln sich die Wellen am Ufer der Donau und die Lichter der Stadt tanzen darauf. Wer ein Rezept für einen neuen Cocktail mitbringt, fungiert als Namensgeber für diesen Drink und wird auf der Karte des Ufo verewigt. Denn laut Stanislav Vadrna, dem Barkeeper, werden hier nicht einfach Drinks gemixt, sondern Cocktailikonen kreiert.
Für den Rückweg im Morgengrauen überquert man die Donau und steht am Rudnayovo Nám., dem imaginären Eingang zur Altstadt. Ungeschminkt und im fahlen Licht wirkt ihre Schönheit am stärksten. Noch sind die Holzportale zu den Innenhöfen verschlossen und keine fluchenden Bauarbeiter nehmen den alten Palazzi ihre Würde, kein menschliches Gelächter vertreibt die Poesie. Auf den Kandelabern gurren leise die Tauben, sonst ist alles still und jeder Schritt hallt in den Straßen wider, als ginge ein Ritter in eiserner Rüstung umher.

Informationen und nützliche Adressen

Anreise

Grenze/Zoll

Seit Dezember 2007 finden zwischen der Slowakei und den übrigen Staaten des Schengener Abkommens keine Grenzkontrollen mehr statt. Wie bei jeder Auslandsreise sollte man jedoch einen gültigen Ausweis mitführen.

Auto

Durch die Fertigstellung des letzten Teilstückes der A6 von Parndorf bis Kittsee besteht seit 2007 eine direkte Autobahnverbindung zwischen Wien und Bratislava. Die Benützung ist gebührenpflichtig. Vignetten für die Slowakei sind an den Grenzübergängen, an Tankstellen und in Postämtern erhältlich und kosten für sieben Tage SKK 150,- (€ 4,50).

Auf Autobahnen gilt das Tempolimit 130 km/h, auf Landstraßen 90 km/h und innerhalb der Ortschaften 60 km/h.

Die Promillegrenze liegt in der Slowakei bei 0,0.

Bahn

Zwischen Wien (Südbahnhof) und Bratislava verkehren stündlich Züge auf zwei unterschiedlichen Strecken. Je nachdem, ob man via Marchegg oder via Kittsee anreist, erreicht man entweder den Hauptbahnhof (Hlavná stanica) oder den Bahnhof Petržalka. Die Reisedauer beträgt jeweils eine Stunde. Auch die Preise für die Hin- und Retour-Tickets unterscheiden sich. Die Fahrt zum Hauptbahnhof kostet € 36,–, die nach Ptržalka € 26,–.

Für Tagesausflüge empfiehlt sich daher das EURegio-Special Bratislava Ticket. Im Preis von € 14,– hin und retour ist die Beförderung eines Fahrrades sowie die Benützung der öffentlichen Verkehrsmittel in Bratislava inkludiert.

Für Disko- und Konzertbesucher beider Städte wurde der „Night-Liner" Wien–Bratislava eingerichtet. Er verlässt den Bahnhof Wien-Meidling täglich um 0.17 Uhr Richtung Bratislava und fährt vom Hauptbahnhof Bratislava täglich um 0.50 Uhr nach Wien.

Bus

Zwischen Wien (Erdbergstraße 200 A) und Bratislava (Airport, Stadtzentrum und Ptržalka) verkehren mehrmals täglich Busse der Firma Blaguss bzw. Eurolines. Die Fahrt dauert eine Stunde und kostet hin und retour € 10,–.

Auch zwischen Bratislava und einer Reihe von deutschen Städten (München, Köln, Berlin, Hamburg u.a.) sowie in die Schweiz nach Zürich gibt es zahlreiche Eurolines-Busverbindungen.

Eurolines/Blaguss
1030 Wien, Erdbergstraße 200A
Tel. 01/798 29 00
www.eurolines.at, www.touring.de
www.eurolines.ch

Flug

Der internationale Flughafen Bratislava liegt nur 69 Kilometer von Wien entfernt und wird von österreichischen Reisenden immer häufiger für Städte- und Businessflüge genutzt. Vom Eurolines Terminal in Wien-Erdberg verkehrt ein Shuttle Bus (SkyShuttle). Vom Stadtzentrum Bratislava (Hauptbahnhof) erreicht man den Airport mit der Buslinie 61 in 25 Minuten.

International Airport
M.R. Štefánika, Ivánska cesta
Tel. +421/2/3303 3353
www.airportbratislava.sk

Schiff

Twin City Liner

Mit dem Twin City Liner gibt es seit Juni 2006 eine neue Schiffsverbindung zwischen Wien und Bratislava. Mehrmals täglich kann man mittels Waterjet-getriebenem Katamaran schnell und komfortabel zwischen den beiden Hauptstädten pendeln – von Stadtmitte zu Stadtmitte. Die Fahrtzeit beträgt 75 Minuten für eine Strecke. Der Twin City Liner wird von April bis Oktober im Linienverkehr geführt und kann auch für Sonderfahrten auf der Donau bzw. dem Donaukanal gechartert werden.

Anlegestelle Wien:
Donaukanal, Donauraum Schiffsanlegestelle, 1., Schwedenplatz, Abgang Marienbrücke (Zubringer U1, U4, 1, 2, N).

Anlegestelle Bratislava:
Internationale Schiffsanlegestelle direkt in der Altstadt, vis-à-vis dem Hotel Devin, Rázusovo nábrežie, Ponton Huma 1.

Abfahrts-/Ankunftszeiten:
Wien/Bratislava 8.30/9.45, 9/10.15, 12.30/13.45, 16.30/17.45 20.30/21.45 Uhr
Bratislava/Wien 10.30/11.45, 14.30/15.45, 17/18.15, 18.30/19.45, 22.30/23.45 Uhr.
Im März, April, Mai und Okt. werden etwas weniger Fahrten tägl. durchgeführt, im Nov. und Dez. gar nur eine pro Tag.

Preise:
Die Preise für One-Way-Tickets sind nach Abfahrtszeit und Wochentag gestaffelt und liegen zwischen € 16,– und € 28,– pro Person. Kinder von 0 bis 2 Jahren fahren in Begleitung ihrer Eltern gratis (kein eigener Sitzplatz), 2- bis 12-Jährige 50% ermäßigt. Die Ausstattung ist behindertengerecht, für Rollstühle ist eine Voranmeldung notwendig. Das Check-in findet jeweils eine halbe Stunde vor Abfahrt statt.
Achtung: Vorausbuchung unbedingt erforderlich!

Infos zum Twin City Liner:
Twin City Liner, Tel. +43/1/588 80
E-Mail: twincityliner
@ddsg-blue-danube.at
www.twincityliner.com
Bratislava: Flora Tour & Travel
Ul. Gorkého 6
Tel. +421/903 610 716
E-Mail: twincityliner@floratour.sk
www.floratour.sk

Tragflügelboot

Von Ende April bis Ende Oktober besteht Mittwoch bis Sonntag die Möglichkeit, die Strecke Bratislava-Wien-Bratislava mit dem Tragflügelboot zurückzulegen. Es braucht donauaufwärts 105 Minuten, die Retourstrecke legt es dann in nur 90 Minuten zurück.

Anlegestelle Wien:
Reichsbrücke, Handelskai 265, Anlegestelle 12 (Zubringer U1)

Anlegestelle Bratislava:
Internationaler Personenhafen
Fajnorovo nábrežie 2

Abfahrts-/Ankunftszeiten:
Bratislava/Wien 7.15/9 Uhr
Wien/Bratislava 18.15/19.45 Uhr
Wien/Bratislava 9.45/11.15 Uhr
Bratislava/Wien 16/17.45 Uhr

Preise: Einfache Fahrt € 21,–, Hin und retour € 32,–.
Kinder von 6 bis 15 Jahre erhalten 50% Ermäßigung.

Infos und Buchung:
LOD – Slovenská plavba a prístavy, Fajnorovo nábrežie 2,
Tel. +421/2/5293 2226
E-Mail: travel@lod.sk
www.lod.sk

Rad

Ein gut ausgebauter Radweg führt von Wien nach Bratislava. Die Strecke ist ca. 63 Kilometer lang, verläuft meist direkt entlang des Donauufers und weist kaum Steigungen auf. Eine genaue Beschreibung der Route findet sich in: Donauradweg Teil 3. Von Wien nach Budapest. (Verlag Esterbauer. Rodingersdorf 2007. 140 S., € 12,40).

Auskunft

Infostellen in Wien

Slowakische Zentrale für Tourismus
Prinz-Eugen-Str. 70/Stg. 2/1. Stk.
1040 Wien, Tel. 01/513 95 69
E-Mail: sacr-wien@aon.at
www.slovakiatourism.sk

Slowakisches Institut
Wipplingerstraße 24–26
1010 Wien
Tel./Fax 01/535 40 57
E-Mail: si.wien@gmx.at
www.sivieden.mfa.sk

Slowakische Botschaft
Armbrustergasse 24, 1190 Wien
Tel. 01/318 90-55200
www.vienna.mfa.sk

Infostellen in Bratislava

Bratislava Kultur- und Informationszentrum
Klobúčnicka ul. 2
Tel. +421/2/5443 3715
E-Mail: info@bkis.sk
www.bkis.sk
Mo–Fr 8.30–18, Sa 9–15,
So 10–15 Uhr

Weitere Informationsstellen gibt es am Airport, an der Schiffsanlegestelle und auf den Bahnhöfen.

Konsulat/Botschaft in Bratislava

Botschaft der Republik Österreich
Ventúrska 10
Tel. +421/2/5930 1500
www.embassyaustria.sk

Botschaft der Bundesrepublik Deutschland
Hviezdoslavovo námestie 10
Tel. +421/2/5920 4400
www.pressburg.diplo.de

Botschaft der Schweiz
Tolstého ul. 9
Tel. +421/2/5930 1111
www.eda.admin.ch/bratislava

Allgemeine Informationen

Offizielle Website von Bratislava: www.visit.bratislava.sk/de

Notruf

Polizei 158, 112
Arzt 155, 112
Feuerwehr 150, 112

Telefon

Die Vorwahl vom Ausland nach Bratislava ist: +421/2/...
Handywertkarten gibt es am Hauptpostamt (siehe „Post").

Post

Briefmarken erhält man ausschließlich auf der Post.
Hauptpostamt
SNP námestie 34–35
Mo–Fr 7–20, Sa 7–18, So 9–14 Uhr

Öffnungszeiten

Für fast alle Museen, staatliche Galerien und Parks gelten je nach Saison unterschiedliche Öffnungszeiten. Auch wenn sie nicht explizit erwähnt ist, wird meist eine Mittagspause gemacht. Geschäfte

sind wochentags zwischen 8 und 18 Uhr geöffnet, samstags meist von 9 bis 12 Uhr.
Einige wenige Geschäfte, wie die Tesco-Hypermarkets, haben rund um die Uhr geöffnet (siehe ► S. 131).

Trinkgeld

Fünf bis zehn Prozent Trinkgeld zu geben, ist üblich.

Feiertage in der Slowakei

1. Jänner: Neujahr
6. Jänner: Heilige Drei Könige
Karfreitag und Ostern
1. Mai: Internat. Tag der Arbeit
8. Mai: Tag der Befreiung vom Faschismus
5. Juli: Tag der heiligen Cyrill und Method
29. August: Tag des slowakischen Nationalaufstandes
1. September: Tag der Verfassung
15. September: Marienfeiertag
1. November: Allerheiligen
17. November: Tag der Freiheit und Demokratie
24.–26. Dezember: Weihnachten

Geld

Die slowakische Krone (SKK, Slovenská koruna) bleibt bis zur Euro-Einführung 2009 im Umlauf. Sie wird in 100 Heller (h, halier) unterteilt. 1 SKK ist 0,03 Euro, 1 Euro 33,– SKK (Stand Jänner 2008) wert. Über den aktuellen Wechselkurs kann man sich unter www.oanda.com informieren. Banken und Wechselstuben gibt es überall in der Innenstadt. Auch Bankomaten sind in ausreichender Zahl vorhanden. Darüber hinaus werden fast überall Kreditkarten akzeptiert.

Unterwegs in Bratislava

Öffentliche Verkehrsmittel

Tickets für Straßenbahn, Bus oder O-Bus kauft man am besten in der Trafik. Sie gelten für 10, 30 und 60 Minuten und kosten SKK 14,– (€ 0,42), 18,– (€ 0,54) bzw. 22,– (€ 0,66). Für Touristen werden Fixpreistickets à SKK 90,– (€ 2,70) für 24 Stunden angeboten. Verkehrsbetriebe der Stadt Bratislava: www.dpb.sk

Taxi

Ein Taxi telefonisch zu bestellen, kommt in der Regel billiger, als eins anzuhalten. In jedem Fall ist es ratsam, vorher zu fragen, was die Fahrt kosten wird. Eine Liste der Taxidienste kann man unter www.bratislava.sk abrufen.

Parken

Da die Innenstadt fast zur Gänze Fußgängerzone ist, stellt man seinen Wagen am besten in einer Parkgarage oder auf einem bewachten Parkplatz ab. Die Preise liegen bei SKK 30,– (€ 0,90) bis SKK 50,– (€ 1,50) pro Stunde. Nachts gelten billigere Tarife. Falsch geparkte Autos werden abgeschleppt oder mit einer „Kralle" aus dem Verkehr gezogen.

Gratis Internetzugang

In der zentralen Touristeninformationsstelle steht ein sogenannter Internetkiosk, der kostenlos genützt werden kann.
Bratislava Kultur- und Informationszentrum
Klobúčnicka ul. 2
Mo–Fr 8.30–18, Sa 9–15,
So 10–15 Uhr

Stadtbesichtigung

Geführte Touren

Der Slowakische Verband der Reiseführer bietet fremdsprachige Sightseeing-Touren für Gruppen und Einzelpersonen an, auf Wunsch auch zu Spezialgebieten wie „Friedhöfe" oder „Das kommunistische Bratislava".
Slovenská spoločnosť'
sprievodcov CR
Zálužická 23
Tel./Fax +421/2/4333 1292,
+421/905-231292
E-Mail: info@touristguides.sk
www.touristguides.sk

Stadtrundfahrten mit dem „Prešporáčik"

Ein knallroter Oldtimerbus mit Anhänger startet täglich zwischen 9 und 17 Uhr vom Franziskanerplatz zu einer Fahrt durch die Altstadt. Zwei Touren stehen zur Auswahl à 30 Minuten oder eine Stunde.
„Prešporáčik"
Františkánske námestie,
Tel. +421/903-302817
www.presporacik.sk

Ausflugtipps

Burgruine Devin

Die Burg Devin steht einige Kilometer vor Bratislava auf einem steilen Felsen am Zusammenfluss von Donau und March. Man erreicht sie auch per Schiff (siehe ► S. 126, www.lod.sk).

Weinstraße

Die Gemeinden nordöstlich von Bratislava haben sich zur „Kleinen-Karpaten-Weinstraße" zusammengeschlossen. Sie nimmt bereits im Stadtteil Rača ihren Anfang und endet in dem schmucken Smolenice mit seiner kantigen Burganlage. (www.pezinok.sk)

Danubiana und Gerulata

Das Danubiana Meulensteen Art Museum liegt spektakulär auf einer Insel inmitten der Donau. Unweit davon befindet sich ein 816 Meter langer Wasserkanal, den die slowakischen Olympioniken für ihre Trainings nützen und wo die Möglichkeit besteht, sich im Rafting zu üben. Die Tour lässt sich auch gut mit dem Besuch der ehemaligen Römersiedlung Gerulata (Gerulatská 69, Rusovce, Juni bis Oktober Di–So 10–17 Uhr) kombinieren.
www.danubiana.info
www.raftovanie.sk
Infos und Buchung:
Bratislava Tourist Service
Ventúrska 9
Tel. +421/911-458458
www.bratislava-info.sk

Kultur & Events

Highlights im Jahresprogramm

- Sommerkonzerte im Martinsdom und anderen Kirchen der Altstadt, www.klassic.sk
- Musikfestspiele Bratislava: www.bhsfestival.sk
- Krönungszeremonie und Stadtfest, www.bratislava-info.sk
- Bratislavaer Jazztage: www.bjd.sk
- Festival elektronischer Musik: www.wilsonic.at

Eine monatlich aktualisierte Liste sämtl. Veranstaltungen kann unter www.bkis.sk abgerufen werden.
Einen kommentierten Eventkalender in Englisch bietet: www.bratislavaguide.com

Oper

Opern- und Ballettaufführungen finden alternierend im alten, historischen Nationaltheater und im neuen, 2007 eröffneten Haus am Donauufer statt.

Dort widmen sich mehrere Ausstellungen der Geschichte der Bratislavaer Oper und ihrer Stars. Sie können tägl. von 15–18 Uhr vor Beginn der Vorstellung besichtigt werden.
Slovenské národné divadlo
Pribinova 17,
Tel. +421/2/5778 2110
www.snd.sk

Kartenvorverkauf für alle Kulturveranstaltungen:
Bratislava Kultur- und Informationszentrum, Klobučnícka ul. 2
Tel. +421/2/5935 6650
www.bkis.sk

Opernreisen nach Bratislava
Opernreisen von Wien nach Bratislava veranstaltet:
Elite Tours Reisebüro GmbH
Operngasse 4, 1010 Wien
Tel. 01/513 22 25
E-Mail: travel@elitetours.at
www.elitetours.at

International agiert auch
www.opernreisen.net

Museen & Galerien

- Ausstellungshalle des Künstlervereins, www.svu.sk, s. S. 97
- Archäologisches Museum, www.snm.sk, s. S. 76
- A4 – nultý, www.a4.sk, s. S. 87
- Bibiana – Internationales Haus der Kunst für Kinder, www.bibiana.sk, s. S. 63
- Danubiana, Meulensteen Art Museum, www.danubiana.sk, s. S. 99
- Design Studio Úlúv, www.uluv.sk, s. S. 83
- Dom umenia/Haus der Kunst, www.nocka.sk, s. S. 87
- Galerie der Stadt Bratislava:
  – im Palais Mirbach, s. S. 51
  – im Palais Pálffy, s. S. 104
  – im Primatial Palast, s. S. 49
  www.gmb.sk
- Galéria Hit, www.galeriahit.com, s. S. 102
- Galéria Komart, www.galeriakomart.sk, s. S. 104
- Galéria Médium, www.vsvu.sk/medium/galeria.htm, s. S. 101
- Johann-Nepomuk-Hummel-Museum, s. S. 56
- Milan-Dobeš-Museum, www.milandobes.sk, s. S. 104
- Museum jüdischer Kultur, www.chatamsofer.com/jewish-museum-bratislava, s. S. 64
- Museum der Kultur der Ungarn in der Slowakei, www.snm.sk, s. S. 75
- Museum der Kultur der Karpatendeutschen, www.snm.sk, s. S. 75
- Pharmazeutische Sammlung, Apotheke zum Roten Krebs, www.muzeum.bratislava.sk, s. S. 54
- Sammlung histor. Musikinstrumente, www.snm.sk, s. S. 35
- Städtisches Museum
  – im Alten Rathaus, s. S. 49
  – im Michaelerturm, s. S. 55
  www.muzeum.bratislava.sk
- Slowakisches Nationalmuseum/SNM verwaltet mehrere Museen in Bratislava, darunter auch das auf der Burg (s. S. 35) und das Naturhistorische Museum, www.snm.sk
- Slowakische Nationalgalerie/SNG
  – im Palais Esterházy, s. S. 100
  – in der Wasserkaserne, s. S. 99
  www.sng.sk
- Stredoeurópsky dom fotografie/Haus der mitteleuropäischen Fotografie, www.fotofo.sk, s. S. 103
- Uhrenmuseum, www.muzeum.bratislava.sk, s. S. 67

Restaurants & Nightlife

Die Restaurants, Cafés und Clubs, die in den einzelnen Kapiteln dieses Buches erwähnt werden, stellen zugleich auch Empfehlungen dar und sind im Register ▶ Seite 134 aufgelistet. Eine Gesamtübersicht über die Bratislaver Lokalszene – leider nur in slowakischer Sprache – kann über www.obedovat.sk, www.relaxovat.sk abgerufen werden. Hilfreich ist mitunter auch die englische Site: www.bratislavaguide.com

Hotels

Einen guten Überblick über Unterkünfte aller Kategorien bieten die „Bratislava Hotels and Travel Services" im Internet. Hier kann auch gleich direkt gebucht werden. www.bratislavahotels.com. Im Folgenden eine Auswahl:

Luxus- und 4-Stern-Hotels

▶ Arcadia Hotel, Františkánska 3
Tel. +421/2/5930 85 85
www.arcadia-hotel.sk

▶ Hotel Devin, Riečna 4
Tel. 02/5998 5111
www.hotel devin.sk

▶ Hotel Marrol's, Tobrucka
Tel. +421/2/5778 4600
www.hotelmarrols.sk

▶ Hotel Perugia, Zelená ul. 5
Tel. +421/2/5443 1818
www.perugia.sk

▶ EA Art Hotel William
Laurinska 17, Tel. +421/2/5988 9111 und +421/2/5988 9444
www.arthotelwilliam.com

3-Stern-Hotels

▶ Hotel Matyšák, Pražská 15
Tel. +421/2/2063 4001
www.hotelmatysak.sk

▶ Hotel Michalská Brána
Baštova 4
Tel. +421/2/5930 7200
www.michalskabrana.sk

▶ Villa Park, Pol'ná 3
Tel. +421/2/5245 4139
www.villa-park.sk

Budget

▶ Botel Marina
Nábrežie Arm. Gen. L. Svobodu
Tel. +421/2/5464 1804
www.botelmarina.sk

▶ Castle Club, Zámocké Schody 4
Tel. +421/2/5464 1472
www.stayslovakia.sk

▶ Chez David, Pension und Restaurant, Zámocká 13
Tel. +421/2/5441 3824
www.chezdavid.sk

Shoppingcenter

Aupark
Zum Freizeitvergnügen der Bratislavaer Jugend gehört unbedingt ein Bummel durch den 2003 eröffneten „Aupark" mit rund 230 Geschäften, zahlreichen Kinos, Pubs, Cafés, Restaurants, einem Aquapark und einem Fitnesscenter. Man erwarte sich keine Schnäppchen, die Preise entsprechen jenen in Österreich.
Einsteinova ul.18
Tel. +421/2/6826 6111
Tägl. auch So 10–21 Uhr;
Supermarkt: 9–22 Uhr

Polus City Center
Diese Shopping Mall verfolgt ein ähnlich umfassendes Konzept wie der „Aupark", beherbergt auch einen Carrefour Hypermarket für Lebensmittel und liegt im Nordosten, ca. 10 Min. vom Stadtzentrum entfernt.
Vajnorská 100
Tel. +421/2/4444 1234
www.poluscitycenter.sk
Carrefour Hypermarket
Mo–Fr 7–22, Sa–So 8–22 Uhr

Avion Shopping Park Bratislava
Hier steht Shopping für die ganze Familie auf dem Programm. Hauptattraktion: die ganzjährig geöffnete Eisbahn. Zu erreichen über die D1 Stadtautobahn, mit dem Bus 61 (Abfahrt: Hauptbahnhof) sowie mit einem kostenlosen Shuttle (Abfahrt: Petržalka).
Ivánska cesta 12
Tel. +421/2/4341 2412
www.avion.sk, tägl. 10–22 Uhr

Shopping Palace
Der von der österreichischen Soravia Gruppe errichtete Shopping Palace punktet mit seiner Lage am östlichen Stadtrand von Bratislava mitten im Naherholungsgebiet „Zlate Piesky". Die britische Lebensmittelkette Tesco ist hier mit ihrem Flaggschiff vertreten. Geschäfte sämtlicher gängiger Marken verteilen sich auf insgesamt 55.000 m^2. Zu erreichen mit den Straßenbahnen 2 und 4 sowie mit den Bussen 53, 56, 65. Kostenloser Shuttle von der Neuen Brücke weg.
Cesta na Senec 2/A
Tel. +421/2/4924 4460
www.shoppingpalace.sk
Tägl. 10–21 Uhr
Tesco
Lebensmittelkette, 24 Stunden geöffnet.

Sprache

Das Slowakische ist linguistisch gesehen eine eigenständige Sprache, die 1787 von Anton Bernolák (▶ Seite 38) auf der Grundlage eines Dialekts aus der Umgebung von Trnava festgelegt wurde. Die heutige Schriftsprache geht auf L'udovít Štúr, nach dem Straßen und Plätze der Stadt benannt sind, zurück, der sie Mitte des 19. Jahrhunderts kodifizierte.
Seit dem 1. Mai 2004 ist Slowakisch eine der Amtssprachen in der EU. Es steht dem Tschechischen sehr nahe, klingt aber melodischer. Sprecher beider Sprachen können sich verständigen, doch keiner für sich kann die Sprache des anderen korrekt sprechen, ohne sie gelernt zu haben.

Wichtige Wörter und Grußformeln

ja/nein | **áno/nie**
bitte/danke | **prosim/dakujem**
Wie bitte? | **Ako prosím?**
Vielen Dank | **Ďakujem pekne**
Entschuldigung | **Prepáčte**
Guten Tag | **Dobrý deň**
Guten Morgen | **Dobré ráno**
Guten Abend | **Dobrý večer**
Gute Nacht | **Dobrú noc**
Auf Wiedersehen | **Dovidenia**
Hallo! Grüß dich! Tschüss! | **Ahoj! Čau!**
alt/neu | **staré/nové**
gut/schlecht | **dobré/zlé**
groß/klein | **vel'ké/ malé**
Wie heißen Sie? | **Ako sa voláte?**
Ich heiße ... | **Volám sa ...**
Wie geht es Ihnen/dir? | **Ako sa máte/máš?**
Danke. Und Ihnen/dir? | **Ďakujem a vy/ty?**
Ich verstehe Sie/dich nicht | **Nerozumiem vás/ta**
Wie spät ist es? | **Kol'ko je hodín?**
Wie viel kostet es? | **Kol'ko to stojí?**
Verzeihen Sie, sprechen Sie Englisch/Deutsch? | **Prepáčte, hovoríte po anglicky/nemecky?**
Verstehen Sie? | **Rozumiete?**
Ich verstehe nicht | **Nerozumiem**
Ich verstehe kein Slowakisch | **Nerozumiem po slovensky**
Was bedeutet es ...? | **Čo znamená ...?**
Könnten Sie mir bitte helfen? | **Môžete mi prosím pomocť?**

Unterwegs

links/rechts | **vľavo/vpravo**
geradeaus | **priamo oder rovno**
nah/weit | **blízko/ďaleko**
Stadt/Dorf/Burg | **mesto/dedina/hrad**
Straße | **cesta**
Platz | **námestie**
Stadtzentrum | **centrum mesta**
Theater | **divadlo**
Museum | **múzeum**
Kathedrale | **katedrála**
Kirche | **kostol**
Schloss | **zámok**
Markt | **trh**
Parkplatz | **parkovisko**
Autobahn | **diaľnica**
Fluss | **Rieka**
See | **jazero**
Hilfe | **pomoc**
Achtung | **pozor**
Vorsicht | **opatrne**
Wie weit ist es vom ...? | **Ako ďaleko je to od ...?**
Wo ist ...? | **Kde je ...?**
Wo ist hier eine Toilette? | **Kde je toaleta oder záchod oder WC?**
Wo ist hier eine Touristeninformation? | **Kde sú tu turistické informácie (kde je tu turistické informačné centrum)?**
Gibt es hier eine Telefonzelle? | **Je tu niekde telefónna búdka?**
Welche Nummer hat Polizei, Rettung? | **Ake číslo ma polícia, sanitka?**
Was kostet es? | **Koľko to stojí?**
Was kostet ein Fahrschein? | **Koľko stojí lístok?**
Könnten Sie uns sagen, wo man aussteigen soll? | **Môžete nám povedať kde máme vystúpiť?**

Zahlen

null | **nula**
eins | **jeden, jedna (fem.)**
zwei | **dva**
drei | **tri**
vier | **štyri**
fünf | **päť**
sechs | **šesť**
sieben | **sedem**
acht | **osem**
neun | **deväť**
zehn | **desať**
elf | **jedenásť**
zwölf | **dvanásť**
zwanzig | **dvadsať**
dreißig | **tridsať**
vierzig | **štyridsať**
fünfzig | **päťdesiat**
sechzig | **šesťdesiat**
siebzig | **sedemdesiat**
achtzig | **osemdesiat**
neunzig | **deväťdesiat**
einhundert | **sto**
zweihundert | **dvesto**
eintausend | **tisíc**
zweitausend | **dvetisíc**
Million | **milión**

Wochentage/ Monatsnamen

Montag | **pondelok**
Dienstag | **utorok**
Mittwoch | **streda**
Donnerstag | **štvrtok**
Freitag | **piatok**
Samstag | **sobota**
Sonntag | **nedeľa**
Wochenende | **víkend**
Jänner | **január**
Februar | **február**
März | **marec**
April | **apríl**
Mai | **máj**
Juni | **jún**
Juli | **júl**
August | **august**
September | **september**
Oktober | **október**
November | **november**
Dezember | **december**

Im Restaurant

Restaurant (gepflegteste Form, essen zu gehen) | **reštauracia**
Wirtshaus, Beisl | **krčma**
sehr einfaches, anspruchsloses Wirtshaus | **hostinec**
Räuberhütte (Name signalisiert rustikales Ambiete, regionale Spezialitäten) | **koliba**

Almhütte (bedeutet rustikales Ambiete, regionale Spezialitäten) | **salaš**
Kellerlokal | **pivnica**
Bierkeller | **pivareň**
Weinstube | **vináreň**
Café | **kaviareň**
Konditorei | **cukráreň**
Guten Appetit | **dobrú chuť**
Frühstück | **raňajky**
Mittagessen | **obed**
Abendessen | **večera**
geöffnet/geschlossen | **otvorené/ zatvorené**
frei/besetzt | **voľné/obsadené**
teuer/billig | **drahé/lacné**
ziehen/drücken | **ťahať/tlačiť**
Könnten wir bitte ...? | **Môžeme poprosiť ...?**
Ist dieser Tisch reserviert? | **Je tento stôl rezervovaný?**
Könnten wir einen Tisch reservieren? | **Môžeme si rezervovať stôl?**
Speisekarte | **jedálny lístok**
Haben Sie eine Speisekarte auch in Englisch? | **Máte jedálny lístok v angličtine?**
Die Rechnung, bitte! | **Účet prosím!**
Kann ich mit Kreditkarte zahlen? | **Môžem platiť kreditnou kartou?**

Trinken

Getränke | **nápoje**
Wasser | **voda**
Mineralwasser | **minerálna voda**
Apfelsaft | **jablkový džús**
Orangensaft | **pomarančový džús**
Bier | **pivo**
Rotwein | **červené víno**
Weißwein | **biele víno**
Kaffee | **káva**
Tee | **čaj**

Essen

Suppe | **polievka**
Vorspeise | **predjedlo**
Hauptspeise | **hlavné jedlo**
Fleisch | **mäso**
Fisch | **ryby**
Beilagen | **prílohy**
Gemüse | **zelenina**
Brot/Gebäck | **chlieb/pečivo**
Dessert | **dezerty**
Obst | **ovocie**

Im Hotel

Hotel | **hotel**
Haben Sie ein Zimmer frei? | **Máte voľné izby?**
Wie viel kostet ein Einbettzimmer/ Doppelzimmer/Appartement? | **Koľko stojí jednoposteľová/ dvojposteľová izba/apartmán?**
Wo ist mein Gepäck? | **Kde je moja batožina?**
Hat das Zimmer Dusche/Bad/ WC? | **Je na izbe sprcha/ kúpeľňa/WC?**

Register